Bibliografische Information der Deutschen Nationalbibliothek:

Die Deutsche Nationalbibliothek verzeichnet diese
Publikation in der Deutschen Nationalbibliografie;
detaillierte Daten bibliografische Daten sind im Internet über http://dnb.dnb.de abrufbar.

Verlag: BoD · Books on Demand GmbH, In de
Tarpen 42, 22848 Norderstedt, bod@bod.de

Druck: Libri Plureos GmbH, Friedensallee 273,
22763 Hamburg

ISBN: **978-3-7693-7786-6**

INHALT

Danke an meine Emotionen,

die mir kompromisslos meinen Weg zeigen.

∞

Danke an **Kristina**, Silke, Florence, Antje & Sophie für ihre
wertvolle Unterstützung!

Einführung

Ich freue mich, dich auf deinem Weg begleiten zu dürfen!

Emotionen entscheiden wesentlich über den Erfolg in deinem Leben! Gerade die negativen Emotionen können dein Leben komplett entgleisen lassen oder dich zumindest von deinem lichten und göttlichen Weg hier auf der Erde abbringen. Daher ist es unglaublich wichtig, einen guten Umgang mit Emotionen zu lernen. Besonders die Übungen im Praxisteil des ersten Kapitels sollen dir hierfür eine hilfreiche Anleitung sein.

Dieses Buch eröffnet dir eine neue Sicht auf dich. Die entscheidende Veränderung in deinem Leben darf sein, dass du Emotionen als liebevolle Helfer erkennen darfst, die sich besonders auch in ihrer negativen Form nicht gegen dich richten, sondern mit dir zusammenarbeiten wollen. Hierzu erfährst du Genaueres im zweiten Kapitel.

Doch ich will in diesem Buch noch tiefergehend mit dir arbeiten! Wir wollen gemeinsam hinter die Kulissen schauen. Du musst dich deinen negativen Emotionen nicht dauerhaft hilflos ausgeliefert fühlen. Es hat tatsächlich Gründe, weshalb sie bei dir gelandet sind.

Emotionale Verletzungen sind in dir als sogenannte Schmerzkörper nach heftigen Erlebnissen

5

entstanden und gespeichert: Diese Wunden sind im Körper, in unserem Geist und unserer Seele zu finden. Sie blockieren den Energiefluss in unserem Körper, manipulieren unseren Geist in Form von negativen Glaubenssätzen und aus unserer Seele lösen sich Seelenanteile heraus.

Du darfst daher im dritten Kapitel (3.1.) negative Glaubenssätze erkennen und heilen.

Die Magie der Seele ist auf dem Weg der Heilung die treibende Kraft. (Kapitel 3.2.)

Das Herzstück dieses Buches stellt die Reise zu deinem verwundeten Ich da. Du reist an Orte in deiner Seele, an denen der emotionale Schaden entstanden ist. Sehr praxisorientiert darfst du in einem wundervollen Prozess deine Seele, Geist und Körper von den Schmerzkörpern wieder befreien. (Kapitel 3.3.)

Schmerzkörper in Körper, Geist und Seele können während eines kurzen, intensiven Ereignisses entstehen oder sich auch über einen längeren Zeitraum entwickeln.

Ich habe nicht sämtliche Bibliotheken dieses Landes zum Thema Schmerzkörper und Traumata durchforstet, aber ich lese gerne und viel, insbesondere über psychologische Themen. Ich lade ganz bewusst das Göttliche, die geistige Welt (oder nenne es das Universum) ein, uns zur Hilfe zu eilen, wenn es um so etwas Schwerwiegendes wie um die Auflösung von blockierenden Emotionen geht. Ich bin der festen Überzeugung, dass die Bewohner der Erde aktuell eine so miese Performance hinlegen, genau weil wir den Kontakt zum Göttlichen vielerorts verloren haben und keine Hilfe annehmen.

Jedes Kapitel hat einen Theorie- und einen Praxisteil. Im Praxisteil findest du konkrete Übungen, die der Heilung dienen. Die Kapitel bauen aufeinander auf, so dass du schrittweise vorgehen kannst.

Meine persönliche Reise, um meine Seele zu heilen, erfolgte nach der Geburt meines dritten Kindes. Meine Seele konfrontierte mich mit etlichen Wunden, so dass ich zunächst einmal völlig aus der Bahn geworfen wurde. Ich weiß also wovon ich spreche, wenn es um tiefe Depressionen, Angstzustände und den Wunsch, heftigen Emotionen zu entfliehen, geht.

In meinem Fall waren es hervorragende Heilerinnen und Heiler, die mir schließlich halfen, das Ruder herumzureißen.

Eines magischen Tages hatte ich ungefilterten Zugang zu meinem Unterbewusstsein, konnte also meine Seelenwunden „sehen" und in einem wirklich anstrengenden Prozess zurück in ein viel reicheres und schöneres Leben finden. Gleichzeitig durfte ich mit diesen lichtvollen Wesen, die wir Engel nennen, in Kontakt kommen, um herauszufinden, wie das Ganze mit der Seelenheilung funktioniert. Da waren sie, die Engel, die für mich zuständig waren, und haben mir auf so liebevolle und sanfte Art geholfen, aus meiner Notlage wieder herauszufinden, so dass ich mich jetzt bereit fühle, dir mit diesem Wissen und meinen Erfahrungen zu helfen.

Wenn du mich fragst, was Engel überhaupt sind, würde ich sie als Wesen aus einer anderen Dimension beschreiben, die ihr ganzes Handeln auf die stärkste Kraft im Universum ausrichten: die Liebe.

Sie arbeiten mit hochschwingenden Energien, die die Existenz von niedrigschwingenden Energien unmöglich machen. Wenn etwas in deiner Seele sehr schwer zu heilen ist, kommen wir als Menschen tatsächlich an unsere Grenzen. Mit ihrer Energie, die als Wärme auch spürbar ist, können sie **auf deinen Wunsch hin** das Blockierende in dir heilen:

Du hast in diesem Buch die Wahl, ob du die Unterstützung der Engel nutzen oder aus eigener Kraft Schmerzkörper auflösen willst. Wenn du „Spirituelle Unterstützung" liest, bedeutet dies, dass an dieser Stelle besonders gut mit der Energie der Engel zusammengearbeitet werden kann, was zum Gelingen jedoch nicht einmal zwingend notwendig wäre.

Mir persönlich standen die Engel bei jedem Schritt, wieder zurück ins Leben zu finden, zur Seite, und es war ein riesiges Wunder, dass ich mein Leben weiterführen konnte.

Bis zu dem Zeitpunkt, als mir einschneidende Erlebnisse die Augen für die atemberaubende Spiritualität öffneten, hatte ich eine akademische Laufbahn hinter mir: Ich bin Diplom-Biologin, habe außerdem Geschichte und Englisch für Höheres Lehramt studiert und etliche Jahre als Gymnasiallehrerin gearbeitet. Gerne analysiere und etabliere ich Lösungen für Probleme, die allgemeingültig und reproduzierbar sind. Somit gebe ich mein Wissen über die Methoden der Seelenheilung in diesem Buch gerne weiter. Wir Menschen „funktionieren" alle sehr ähnlich und sind doch so verschieden, so dass es eben auch diese Anleitung für alle gibt, die du jedoch individuell für dich bezüglich der Intensität und der Anwendung verschiedener Methoden auf deine Person anpassen kannst.

Wir brauchen neue Lösungen für Probleme. Es ist unverkennbar, dass psychische Erkrankungen in der Gesellschaft zunehmen und zu wenige unterstützende Angebote existieren. Einige Angebote dienen dazu, mit Schmerzkörpern in uns umgehen zu lernen. So viel effektiver und erfolgsversprechender ist es allerdings, den Schmerzkörper aufzulösen. In diesem Buch lernst du beides.

Kannst du dir vorstellen, dass du selbst das Ruder übernimmst und mit den dir zur Verfügung stehenden himmlischen Kräften die Herausforderung annimmst? Vertrauen in deine eigenen Fähigkeiten und in die Engel kann sich im Laufe der Zeit durch Erfolge aufbauen.

Ich persönlich durfte schon viele Menschen in meiner eigenen Praxis auf ihrer Reise begleiten und erleben, welch unglaubliche Fortschritte sie gemacht haben. Ich weiß auch, wie sehr mir die Engel, das Universum, Gott geholfen haben, und das gibt mir Kraft und Mut in einer Welt, in der das Göttliche eine zu untergeordnete Rolle spielt, eine Fürsprecherin zu werden.

Die Verantwortung für dein Leben bleibt immer bei dir. Es geht in diesem Buch keineswegs darum, ausschließlich deine himmlischen Helfer die Arbeit machen zu lassen, sondern mit ihrer Hilfe dir selbst zu helfen. Sie lieben und wertschätzen dich so sehr, dass du eigenständig entscheiden darfst.

Nun empfehle ich dir, dein Problem nicht weiter aufzuschieben und dich der schönen Aufgabe hinzugeben, dass genau du dir jetzt helfen wirst, dein Leben erfolgreich zu verbessern!

Zum Schluss der Einführung noch drei Hinweise: Ich benutze die Begriffe Herz und Seele nahezu synonym, wobei der Begriff der Seele insofern

10

noch ein bisschen tiefer geht, weil er auch deine Bestimmung, deinen Seelenplan impliziert und in direkter Verbindung mit dem Göttlichen steht. Die Seele ist unendlich geduldig, unsterblich und weise.

Lediglich zugunsten einer besseren Lesbarkeit verwende ich im Text in der Regel das generische Maskulinum. Diese Begriffe gelten natürlich für alle Geschlechter.

Die Inhalte ersetzen keinesfalls die fachliche Beratung durch einen Arzt, Apotheker oder Heilpraktiker und dürfen nicht als Grundlage zur eigenständigen Diagnose und Beginn, Änderung oder Beendigung einer Behandlung von Krankheiten verwendet werden.

1. Schütze Dich Selbst Vor Deinen Eigenen Unangemessenen Emotionalen Reaktionen

Es kommt dir bestimmt bekannt vor, dass wie aus dem Nichts plötzlich unangenehme Emotionen deine Aufmerksamkeit fordern, die dich im günstigsten Fall lediglich irritieren. Dieses unbehagliche Gefühl kann sich in allen möglichen Situationen einstellen: beim Start in den Tag genauso wie vor dem Antritt einer Reise. Plötzlich ist da morgens diese Angst, dass zum Beispiel ein anstehendes wichtiges Gespräch nicht gut verlaufen wird, oder in dir steigt Wut über ein vermeintlich unmögliches Verhalten einer Person auf, bevor du mit ihr ein klärendes Gespräch führen konntest, oder aber du wirst plötzlich traurig über ein mögliches Ereignis in der Zukunft, das noch gar nicht eingetreten ist und so auch sehr wahrscheinlich nicht eintreten wird. Alle Szenarien haben zwei Dinge gemeinsam: Sie können nämlich in einer Katastrophe gipfeln und sind im Grunde völlig unnötig. In Worst-Case-Szenarien, wenn also die blockierenden Emotionen Überhand gewinnen, würdest du das anstehende wichtige Gespräch erst gar nicht führen, da die Furcht zu groß ist, vielleicht brichst du auch den Kontakt zu einem eigentlich geschätzten Menschen ab, weil die Wut dich im Griff hat; möglicherweise stimmt dich bereits die reine Vorstellung tief traurig, dass sich ein liebgewonnener Mensch von dir trennen könnte, so dass Unbeschwertheit und Lebensfreude nicht mehr möglich erscheinen. Mit diesen Beispielen möchte ich dir vor allem verdeutlichen, dass ein bewusster Umgang mit deinen Gefühlen, auf einer täglichen Basis, sehr vorteilhaft ist und es stets sinnvoll investierte Zeit ist, sich gründlich mit ihnen zu beschäftigen. Es sind nämlich deine Gefühle, die in dir entstehen und für die du im positiven Sinne verantwortlich bist; ja mit denen du regelrecht arbeiten kannst.

Diese Schmerzkörper lauern also wie kleine Ungeheuer in deiner Seele und warten darauf, sich in den Vordergrund zu spielen, sobald sie die Gelegenheit dazu haben. Sehr oft ist ihre Wirkung so stark, dass eine sachliche und vernünftige Abwägung auf der Strecke bleibt. Entsprechend der Schwere deines zugrundeliegenden Traumas ist es also zugegebenermaßen auch sehr schwer, eine der Situation angemessene Reaktion zu zeigen. Wenn die Verletzung in deiner Seele so riesig ist, wird dir positives Denken tatsächlich schwerfallen. Ruhe und Gelassenheit sind wie weggefegt. Dann übernimmt dein traumatisiertes Unterbewusstsein das Ruder und macht es dir kaum möglich, entspannt zu bleiben.

Dementsprechend ist es also von Bedeutung sich bewusst zu werden, dass aufgrund negativer Emotionen Verhaltensweisen erfolgen, die uns selbst schaden können. Hier sprechen wir gerne von

Selbstsabotage. Eine Übung, um Selbstsabotage zu verhindern, findest du im **Praxisteil**.

Ein Grund für diese Selbstsabotage können Manipulationen bzw. eine frühe Traumatisierung in der Kindheit sein: Gerade bei kleinen Kindern wird das Zusammenspiel von Gefühlen und daraus resultierenden Taten zur Manipulation eingesetzt, auch wenn es in vielen Fällen von den Eltern bewusst gar nicht so gemeint war. Ein sehr klassisches Beispiel ist das Erzeugen von Angst bei Kindern mittels einer furchteinflößenden Autorität (Weihnachtsmann, Gott, Polizei, Lehrer, der Vater, der abends nach Hause kommt u.v.m.). Die erzeugte Furcht wird dann dazu genutzt, das Kind dazu zu bringen, ein bestimmtes Verhalten zu zeigen. Das nennen wir auch **Konditionierung**. Bei ausreichender Wiederholung, indem es zum Beispiel immer wieder gesagt bekommt, dass der Weihnachtsmann nicht käme, wenn es den Eltern nicht gehorche, hat sich das Kind so mit der Angst infiziert, dass es nahezu automatisch das gewünschte Verhalten zeigt, ohne dass sich sie furchteinflößende Gestalt jemals gezeigt hat und insbesondere unabhängig davon, ob das von ihm geforderte Verhalten sinnvoll ist oder nicht. Beachte: Unser Inneres Kind lebt in uns weiter. Unsere erwachsene Persönlichkeit reift langsam heran, Unverarbeitetes aus der Kindheit bleibt bestehen und so mag es sein, dass du immer noch unsinnigen Regeln folgst, weil dein Inneres Kind in dieser Weise konditioniert wurde. Der spätere Erwachsene kann unter einer **unangemessenen Autoritätshörigkeit** leiden.

Tatsächlich ist auch jeder Erwachsene über seine Ängste manipulierbar; wenn auch nicht mehr ganz so einfach wie als Kind. Sei dir stets bewusst, dass Angst niemals ein guter Berater sein kann. Natürlich gibt es Ereignisse, in denen negative Emotionen ihre Berechtigung haben. Das sind Schicksalsschläge und damit verbundene starke Veränderungen in unserem Leben, die dazugehören.

Manipulation bzw. negative Konditionierung in der Kindheit ist nur eine von vielen Ursachen, weshalb sich in dir dauerhaft negative Gefühle und toxische Denkweisen etabliert haben. Besonders im Kapitel drei wirst du noch weitere Ursachen kennen lernen. Die gute Nachricht ist: Alle unschönen Emotionen, die in deiner Welt aufgrund von tiefsitzender, nicht aufgearbeiteter Wut und nicht verarbeiteter Trauer vorkommen, können von dir verändert, aufgelöst beziehungsweise transformiert werden. Dazu mehr im dritten Kapitel. Bevor du also so weit bist, dass dein Verhalten nicht mehr durch einen vergessenen Schmerzkörper ausgelöst wird, kann eine gewisse Zeit vergehen. Damit du in der Zwischenzeit trotzdem gut durchs Leben kommst, integriere ein **gewisses Sicherheitssystem** in dein Leben.

Eine sehr wichtige Botschaft liegt in dem Satz: „In der Ruhe liegt die Kraft". Wenn deine Handlungen aus einem Trauma, aus Hektik und Panik heraus erfolgen, liegt ihnen keine bewusste Entscheidung zugrunde. Natürlich neigen wir im Zustand der Angst und Verzweiflung dazu, aus dem Effekt heraus eine schnelle Reaktion zu zeigen, blenden dabei jedoch weitere Lösung bringende Optionen aus. Schaue dir hierzu die Übung: Schaffe Raum zwischen Gefühl und Handlung im **Praxisteil** des 1. Kapitels an. Damit sind natürlich nicht solche Situationen gemeint, in denen wirklich innerhalb von Sekunden reagiert werden muss, um eine Gefahr abzuwenden. Angesprochen sind hier Situationen, in denen du durchaus Zeit hast, um mit Ruhe eine Situation zum höchsten Wohle aller zu klären.

Eine viel zu wenig beachtete Größe in unserem Leben ist unser Augenmerk. Mache dir bewusst, dass du in der Lage bist, deine Aufmerksamkeit kraft deines Willens zu lenken. Diverse Dinge konkurrieren um dein Interesse. Es gibt Dinge im Außen, die unsere Aufmerksamkeit auf sich ziehen, die wir mit unseren Sinnesorganen wahrnehmen können und uns nicht selten von für uns wesentlicheren Sachen ablenken. Auch in unserem Inneren konkurrieren Gedanken, Gefühle, ggf. auch Schmerzen um unser Interesse und nur du bestimmst, welchem inneren Impuls du wieviel Aufmerksamkeit schenken willst. Im **Praxisteil** dieses Kapitels findest du hierzu die Übung „Skaliere dein Gefühl". Falls du ein sehr starkes negatives Gefühl gar nicht mehr kontrollieren kannst, suche dir dringend professionelle Hilfe.

Allen negativen Emotionen ist gemeinsam, dass du sie nicht selten auch körperlich spüren kannst. Sie lösen zum Beispiel physische Beklemmung im Brustbereich aus oder sitzen als spürbarer Kloß im Hals. Damit das Gefühl von Wut nicht chronisch wird und du ständig einen unterschwelligen Groll empfindest, schreie die Wut heraus, wenn du mit dir alleine bist. Du erlöst mit der Übung im **Praxisteil** dieses Kapitels „Schreie angestaute Gefühle heraus" unterdrückte Emotionen. Spirituell gesehen reinigst du dein Halschakra, ein Energiezentrum zwischen Kehlkopf und Kehlgrube.

Der Erfolg in deinem Leben hat viel damit zu tun, welche Emotionen Überhand gewinnen. Du kennst die berühmte Frage: „Ist das Glas halb leer oder halb voll?". Orientierst du dich also an den negativen oder doch lieber an den positiven Gefühlen zu einem Sachverhalt? Und auch wenn sich dein Leben gefühlt zu 90% voller Negativität zeigt und nur 10% dir angenehm erscheinen, lenke all deine Aufmerksamkeit auf diese 10%. Genau dort ist das Licht, das dich aus deiner gefühlten Dunkelheit herausführen wird.

Stellen wir uns beispielsweise Eltern vor, deren Tochter insgesamt Lernschwierigkeiten in der Schule hat. Sie ist jedoch eine begnadete Künstlerin.

Die Eltern lenken nun im Idealfall ihre Aufmerksamkeit und Unterstützung nicht auf das, was das Kind nicht so gut beherrscht, sondern fördern den kreativen Teil ihres Kindes. Dies hat gleich mehrere positive Auswirkungen: Der Selbstwert des Kindes leidet nicht nur nicht, sondern er wird im Gegenteil gestärkt! Und es hat für sich einen Bereich, aus dem es fortan ganz neue Kraft und Selbstvertrauen schöpfen kann. Durch die Akzeptanz der Bereiche, die nicht optimal laufen, kann sich das Kind bestenfalls sogar entspannen und schließlich akzeptable Leistung in Bereichen erzielen, in denen es bisher nicht so gut war.

Diese Übung, Fokussiere dich auf das Positive im Leben, kannst du wirklich für alles Mögliche anwenden: für deinen eigenen Körper, zur Stressbewältigung, zur Bewältigung deiner zahlreichen Pflichten bis hin zur Verbesserung deiner Beziehungsfähigkeit u.a.m. Im **Praxisteil** findest du auch hierfür eine genauere Anleitung.

Lenken wir nun unsere Aufmerksamkeit auf positive Gefühle und Verhaltensweisen wie Zuversicht, Humor, Offenheit, Dankbarkeit, Gelassenheit und Verständnis. Um dir die Macht der positiven Gefühle zu verdeutlichen, spreche sie einmal laut und deutlich aus und beobachte, was das mit dir macht:

glücklich, fröhlich, befreit, ekstatisch, interessiert, amüsiert, neugierig, stolz, wichtig, zufrieden, angenommen, respektiert, erfüllt, kraftvoll, hoffnungsvoll, geliebt, innig, ausgelassen, empfindsam, zuversichtlich, inspiriert, offen.

Bis zu einem gewissen Grad kannst du dich selbst in schöne Gefühlszustände hineinmanövrieren. Das kann ohne negative Nebenwirkungen durch Aktivitäten erfolgen, die ich bereits im ersten Kapitel angeführt habe. Du kannst deine emotionale Verfassung jedoch in einem gewissen Rahmen kraft deiner Gedanken positiv beeinflussen. Bestimmt hast du schon einmal etwas von der **selbsterfüllenden Prophezeiung („self-fulfilling prophecy")** gehört. Du kannst also durch positive Gedanken, die deine Stimmung heben, den Verlauf eines Ereignisses zu deinem Vorteil beeinflussen. Im **Praxisteil des ersten Kapitels** findest du die Übung: „Mit der Kraft der Gedanken die Stimmung heben".

Freude ist ganz nebenbei auch das Gefühl, das am meisten Aktivität im gesamten Körper auslöst. Positive Gedanken dienen also auch deiner Vitalität.

Halten wir am Ende des theoretischen Teils dieses Kapitels fest, dass Emotionen dein Leben mehr im Griff haben als es dir vermutlich bisher klar war, und dass ein bewusster Umgang mit ihnen vorteilhaft ist.

Natürlich ist es eine intensive Aufgabe, sich von traumabasierten Emotionen zu befreien, was Zeit in Anspruch nimmt. Daher ist es wichtig, dass du in der Zwischenzeit lernst, bewusst mit deinen Emotionen umzugehen. Du lernst, ihnen mit Gelassenheit zu begegnen und ihre Schwere zu skalieren, um eine angemessene Reaktion zeigen zu können. Auf körperlicher Ebene kannst du sie sogar herausschreien. Du hast gelernt, deine Aufmerksamkeit den positiven Gefühlen zu widmen. Sie verfügen über die Energie und auch die Magie, den Verlauf eines Ereignisses positiv zu beeinflussen.

PRAXIS 1

Praxis: Sabotiere ich mich selbst?

- Realisiere das vorliegende Problem.

- Male dir verschiedene Reaktionen deinerseits aus, wie du auf eine Herausforderung reagieren könntest.

- Frage dich, durch welche der möglichen Reaktionen du dir selbst schadest, und ob du auch langfristig mit den Konsequenzen deines eigenen Verhaltens gut umgehen kannst.

- Ist eine extreme Reaktion also wirklich das, was allen Beteiligten am meisten dient? Gerade im familiären Kontext zahlen sich Geduld, eine

Regulierung deines Temperaments und konstruktive Gespräche auf lange Sicht aus, wenn dir an Harmonie in der Familie gelegen ist.

- Spirituelle Unterstützung: Falls dir ein Problem über den Kopf wächst, bitte das Göttliche um Unterstützung oder überlasse ihm die Führung: Du wirst dann über angemessene intuitive Gedanken geführt. Ein entsprechendes Gebet könnte wie folgt lauten: Lieber Gott, folgende Angelegenheit (beschreibe die Angelegenheit möglichst detailliert) wächst mir über den Kopf. Ich bitte dich, die Führung zu übernehmen und uns sicher durch den Sturm zu führen.

Praxis: Schaffe Raum zwischen Gefühl und Handlung

- Eine bestimmte Nachricht hat dich aufgewühlt und erfordert scheinbar eine Reaktion von dir.

- Bevor du also eine Reaktion auf ein Gefühl zeigst, schaffe dir einen Zeitpuffer. Du kannst auch gerne eine Nacht darüber schlafen.

- Atme tief ein und aus und mache dir bewusst, dass es verschiedene Möglichkeiten gibt, um zu reagieren. **Nutze hierzu gerne das Bild einer Farbpalette mit all den verschiedenen Schattierungen jedes einzelnen Farbtones:**

Genauso ist es mit der Vielzahl der Reaktionen, die du zeigen kannst. Mache dir bewusst, dass die erste und scheinbar einfachste, womöglich impulsive Lösung nicht die beste Lösung sein muss.

- Spirituelle Unterstützung: An dieser Stelle bitte gerne einen Engel, dich vor unangemessener Impulsivität zu schützen.

- Erkenne, dass du eine viel gelassenere Reaktion zeigen kannst, wenn du dir Ruhe und Besonnenheit verordnest, bevor du reagierst.

- Es geht bei der Übung also darum, ein bewusstes Verhalten zu zeigen, bei der dein Erwachsenes Ich die Führung übernimmt, das sachlich, respektvoll, konstruktiv, rational und reflektiert handelt. Kläre langfristig durch Innere Arbeit die Beweggründe für potentielle unangemessene Reaktionen und heile traumabasierte Reaktionen.

- Nach Abwägung deiner Optionen entscheide dich aus der Ruhe heraus für den nächsten angemessenen Schritt und gehe ihn dann.

Praxis: Skaliere das Erlebte

- Eine weitere sehr gute Unterstützung, bevor du eine Reaktion auf ein dich triggerndes Ereignis zeigst, ist es, sich über die tatsächliche Schwere des vorhandenen Problems bewusst zu werden.

- Frage dich also: Wie schwerwiegend war auf einer Skala von eins bis zehn des Fehlverhalten des anderen tatsächlich? Dann überlege dir ein angemessenes Echo.

- Unsere Reaktion kann also sehr heftig ausfallen (Anschreien deines Gegenübers oder sogar das Einsetzen von Gewalt), obwohl ein ernsthaftes Gespräch über die Einhaltung deiner Grenzen zielführender wäre, um zu einvernehmlicher Lösung zu gelangen.

Praxis: Schrei angestaute Gefühle heraus

- Du kannst diese Übung sowohl in deiner Vorstellung als auch in Realität durchführen. Wenn du sie in Gedanken machen möchtest, stelle dir vor, dass du auf einer einsamen Insel bist und bewusst sehr laut schreist.

- Sehr gut gelingt die Übung, wenn du allein bist, idealerweise auch niemand in Hörweite ist und du tatsächlich ungehemmt alles herausschreien kannst, was sich in Hals und Brust angestaut hat.

- Lasse dir Zeit mit dieser Übung und wiederhole sie mehrmals (3-5 Wiederholungen). Bis du tatsächlich das Gefühl hast, dass Erleichterung eintritt.

Praxis: Mit der Kraft der Gedanken die Stimmung heben

- Formuliere mit mehreren angenehmen Gefühlen einen Satz (eine Liste der angenehmen Gefühle findest du im **Theorieteil des 1. Kapitels; Seite 18**)

Beispiele:

- Gedankliche Vorbereitung auf einen Tag: „Ich bin heute besonders neugierig darauf, was der Tag so bringen wird. Am Abend werde ich einmal nachsinnen, was es für Überraschungen gab."

- Spontane Stimmungsanhebung und Entspannung: „Es amüsiert mich sehr, meinen Haustieren beim Spielen zuzusehen."

- Dankbarkeit ins Leben integrieren: „Ich fühle mich durch meine Freundin oder meinen Freund (Name) sehr geliebt. Irgendwie ist sie oder er im Hintergrund immer da und hat ein Gespür dafür, wenn ich ein liebes Wort brauche."

- Gedankliche Vorbereitung auf ein Treffen: „Ich bin jetzt einfach mal offen für das, was da auf mich bei diesem Gespräch zukommt. Wird bestimmt spannend."

Praxis: Fokussiere dich auf das Positive im Leben

- Mache dir einmal ganz bewusst, welche Aspekte deines Lebens dir besondere Freude bereiten und welche dir ein eher schlechtes Gefühl geben.

- Du kannst dir auch einen einzelnen Bereich deines Lebens genauer anschauen (z.B. Arbeitsalltag) und dir für diesen Bereich schöne und unschöne Aspekte bewusst machen.

- Lenke nun deine Aufmerksamkeit auf diese positiven Aspekte, auch wenn sie nur einen kleinen Anteil ausmachen. Hebe sie gedanklich hervor, orientiere dich an ihnen und lass sie in dir bedeutend und groß werden. So entziehst du den negativen Aspekten die Aufmerksamkeit und sie verlieren mehr und mehr an Bedeutung.

Im nächsten Kapitel lernst du, dass Gefühle in keiner Weise zufällig in uns entstehen und einen klaren Auftrag für uns haben.

2. Ein Neuer Umgang mit Emotionen

Spirituelle Unterstützung:

Das Göttliche spricht:

Ich nehme dich jetzt an die Hand. Das darfst du wörtlich nehmen, denn in meiner Welt der Energien kann ich zu jeder Zeit an jedem Ort unterwegs sein, wenn du es so willst. Da mein Reservoir an Liebe unerschöpflich ist, darfst du dir gerne vorstellen, dass ich jetzt bei dir bin und dich in deinem Prozess unterstütze. Da sind mit bedingungsloser Liebe ebenfalls deine Engel, die für dich zuständig sind, die tagtäglich auf dich aufpassen und dich bei jedem Schritt, den du machst, unterstützen.

Ja, die Schritte, die du gehen musst, kannst nur du gehen. Du bist dabei jedoch nie allein und kannst jederzeit deine Engel um Unterstützung bitten. Rufe sie in dein Leben.

Mache dir bewusst, dass starke, blockierende Emotionen unabhängig von Alter, Geschlecht, Wohlstand und sozialem Status jeden betreffen.

Alle Aufmerksamkeit auf unsere Emotionen

Wissenschaftlich berufen wir uns gerne auf nachweisbare Dinge. Gefühle allerdings sind flüchtig, schwer von außen zu messen und in ihrer Zusammensetzung äußerst individuell. Außerdem sind sie etwas sehr Selbstverständliches. Das können Gründe dafür sein, dass Gefühle als Forschungsgegenstand weniger Beachtung finden.

Doch genau sie sind es, die eine Schlüsselrolle beim Auflösen von Traumata spielen: Gefühle werden von unserer Seele produziert. Sie verschafft sich Gehör und unsere Aufmerksamkeit über die Gefühle. Schlimme Erlebnisse sind mit negativen Emotionen verbunden. Sie wurden von uns unterdrückt, um weiterleben zu können und liegen vergessen auf dem Grund der Seele. Nun ist das Bedürfnis unserer Seele nach Heilung so groß, dass die Seelen die unterdrückten Gefühle an die Oberfläche transportieren und diese gegebenenfalls bei Nichtbeachtung sogar an Stärke zunehmen, um auf einen vergangenen, nicht geheilten Schmerz aufmerksam zu machen.

Viele Seelen sind so unglaublich alt, das Konto mit traumatischen Verletzungen einfach so voll, das Limit erreicht, so dass sie nun aktiv werden.

Dieses Aktivwerden deiner Seele kann für dich bedeuten, dass du starke Emotionen empfindest, die du dir bisweilen in ihrer Intensität gar nicht

erklären kannst und die mit deinen aktuellen Lebens-
umständen auch nicht unbedingt immer erklärbar
sein müssen.

Lebenskrisen sind Momente, die diese starken Emotionen, gespeicherte Schmerzkörper, reak-
tivieren. Wenn wir Krisen durchlaufen, verlassen wir
unsere bisherige Komfortzone. Schmerzkörper kommen in diesen Phasen unseres Lebens besonders
deutlich zum Vorschein. Stelle dir ein Flussbett vor,
das aufgrund starker Veränderungen, zum Beispiel
durch Hitze, ausgetrocknet ist. Am Grund des Flus-
ses werden nun all die vergessenen, versunkenen
und dennoch den Grund des Flussbettes verunreini-
genden Dinge sichtbar. So öffnen Lebenskrisen Türen zu unerledigten Traumata, die immer schon da
waren, jetzt jedoch zum Vorschein kommen. Durch
eine Krise gerät alles ins Wanken und die Türen zu
einem vergangenen Ereignis, das sehr viel Schmerz
auslöste, stehen sperrangelweit offen. Nun ist es
Zeit, sich mit ihnen auseinander zu setzen. Deine
Seele ist bereit, die Reinigung toxischer Elemente
deiner Persönlichkeit einzuleiten: Sie möchte sich
dieser alten Erfahrungen, gespeicherten negativen
Emotionen und dem dazugehörigen toxischen Denken und Handeln entledigen. Deine Seele ist sehr
kraftvoll und wird dich unbeirrt durch diesen Prozess
lenken.

Die einfache Lebensweisheit: „Wie man in den Wald hineinruft, so schallt es heraus" verdeutlicht außerdem, dass deine emotionale Stimmungslage auch auf dein Umfeld wirkt und es seinerseits wieder auf dich reagiert: Wenn es dir nicht gut geht, reagieren andere durch unachtsame, vielleicht sogar gemeine Bemerkungen auf dich ein, oder aber du wirst gleich ganz gemieden. Wenn du dann wiederum negativ auf deine Mitmenschen reagierst, entsteht hier ein Zirkelschluss (Circulus vitiosus) oder in der Umgangssprache auch „Teufelskreis" genannt. Die dringend benötigte Unterstützung durch andere Menschen, bleibt also aus und du isolierst dich weiter.

Ich nenne besonders blockierende Emotionen hier einmal bei ihrem Namen: Da wären Frau Angst, Herr Verzweiflung, Frau Panik und Herr Schock, um nur vier sehr einflussreiche von ihnen zu nennen. Wie unsichtbare Kräfte stellen sie sich dir permanent in den Weg und bestimmen deinen Alltag. Bisher bist du bestimmt vor ihnen weggelaufen, denn es kann schmerzhaft sein, diese Gefühle in dir wahrzunehmen. Mache dir deswegen keine Vorwürfe. Es ist eine ganz normale Reaktion. **Emotionen haben jedoch genau einen Auftrag in unserem Leben zu erledigen: Sie sind dazu da, dass wir sie fühlen.** Das klingt erst einmal paradox. Wieso wurde uns ausgerechnet etwas so Schmerzhaftes wie negative Gefühle gegeben, die wir dann auch noch ganz bewusst wahrnehmen sollen? Verständlich, wenn du das Konzept auf den ersten Blick für verrückt erklärst.

Die Wahrheit ist allerdings, dass wir Menschen unsere Gefühle ansonsten ignorieren würden. Dadurch, dass zum Beispiel die gute alte Bekannte Frau Traurigkeit so weh tut in unserem Herzen, dort sogar einen physischen Schmerz auslösen kann, schreit sie intensiv nach unserer Aufmerksamkeit. Genau dieser Schmerz hat das Potential dich darauf aufmerksam zu machen, dass etwas in deiner Seele nicht in Ordnung ist. Dieser Schmerz ist also wie ein Türöffner; spirituell kannst du ihn auch gerne als Portal bezeichnen, mit dessen Hilfe du in Bereiche deines Seins kommen kannst, um deine Seele zu heilen. Dazu im zweiten Kapitel Genaueres.

Sich um seine Emotionen zu kümmern liegt übrigens total im Trend. Noch in der letzten Generation war das Bewusstsein dafür relativ gering, dass schlimme Erlebnisse einen Menschen dermaßen nachhaltig beeinträchtigen, dass er schließlich nicht mehr wirklich er selbst ist. Häufig standen existentielle Fragen dermaßen im Vordergrund, dass mentale Gesundheit und emotionales Wohlbefinden eine sehr geringe beziehungsweise gar keine Rolle spielten. Es wusste auch kaum jemand, wie einem traumatisierten Menschen zu helfen ist. „Das Leben würde eben irgendwie weitergehen." Und wenn wir mal ganz ehrlich sind, gehen auch wir heutzutage trotz ihrer immensen Bedeutung immer noch viel zu leichtfertig mit Emotionen um. Kindern wird zum Beispiel der Umgang mit ihren Emotionen eher beiläufig beigebracht.

Es ist die Qualität unserer Zeit, dass wir Frau Schock, Herrn Angst, Frau Verzweiflung und Herrn Panik jetzt nicht mehr mit einem kurzen Smalltalk abfertigen können, sondern uns auf diese Türöffner einlassen müssen, um Genaueres zu erfahren: zum Beispiel, weshalb sie gekommen sind.

Du darfst hier und jetzt also die Entscheidung für dich fällen, nicht mehr vor deinen Gefühlen wegzurennen, sondern sie ernst zu nehmen und: zu fühlen! Dies ist bereits eine zentrale Methode: Gefühle dürfen gefühlt werden. Der Schmerz, den ein Gefühl auslöst, darf sein. Bereits Hermann Hesse hat darauf hingewiesen, dass jedem Anfang ein Zauber innewohnt, weshalb diese bewusste Entscheidung, also der Entschluss, sich seiner Gefühle anzunehmen, direkt mit etwas Magie ausgestattet ist.

Wenn du bisher immer bereitwillig dabei warst, anderen Menschen zu helfen, so mache dir bewusst, dass ebenso Teile in dir selbst deine Aufmerksamkeit benötigen. Achte auch darauf, welche Menschen dein Mitgefühl besonders aktivieren. Dies ist ein guter Hinweis darauf, wo du selbst Hilfe benötigst!

Häufig sehen wir auch Filme, in denen uns eine Person besonders anrührt, wie zum Beispiel ein Waisenkind, das zu wenig Liebe erfahren hat. Bist du als Kind selbst (stark) vernachlässigt worden und sehnt sich dein Inneres Kind noch immer nach dieser elterlichen Liebe?

Wenn wir also anderen helfen, heilen wir auch uns selbst. Den größten Gefallen tust du dir allerdings, wenn du dir deine eigene Wunde anschaust und sie versorgst, damit sie heilen kann. Emotionen zu fühlen kann gewöhnungsbedürftig sein, gerade wenn du es bisher peinlichst vermieden hast. Die gute Nachricht ist: Du bist stärker als jedes Gefühl. Unterstützung im Notfall bei extremen negativen Emotionen findest du im **Praxisteil.**

Du wirst jetzt in Zukunft Experte darin werden. Wenn dich jemand bisher gefragt hat, wie es dir geht, hast du vermutlich geantwortet: „Ja, ganz gut." oder „Geht so." Du hast bestimmt nicht gesagt: „In mir ist etwas aufgedrehte Vorfreude wegen des Urlaubs, Angst, dass was schieflaufen könnte, eine Prise Traurigkeit, weil Annika jetzt doch nicht mitkommt und irgendwie auch ein bisschen Enttäuschung."

Genauso wie es ist für uns normal ist, dass wir uns jeden Tag im Spiegel anschauen, um vor allem unser Gesicht zu betrachten und zu überprüfen, ob wir gut aussehen, wirst du dir angewöhnen dir auch anzuschauen, ob es dir emotional gut geht. Du wirst zum liebevollen Wächter deines Herzens. Und Einstellungen, dass du dich lieber mal zusammennehmen und „keine Memme" sein sollst, gehören der Vergangenheit an. Du darfst ganz bewusst zu einer Person heranreifen, die achtsam mit ihren Gefühlen umgeht. Im **Praxisteil** findest du eine wichtige Übung hierfür.

Eine sehr gute Technik ist das **meditative Schreiben**. Hier geht es vor allem darum, dass du komplett ungefiltert alles aus dir herausschreibst, was aus deinem Herzen herausfließen möchte. Deine Aufzeichnungen sind nur für dich und müssen für niemand anderen - nicht einmal für dich selbst - Sinn ergeben. Der Verstand wartet beim meditativen Schreiben geduldig vor der Tür. Jetzt ist nämlich Seelenzeit. Bist du jemand, der schon immer gern Tagebuch geschrieben hat? Oder es immer vorhatte? Dann besorge dir nun ein Notizbuch (es darf auch ein besonders schönes sein). Es gibt niemanden, der besser geeignet ist für diesen Job als du selbst. Ab heute gibt es keinen Aufschub mehr. Der Startschuss zu deiner persönlichen Heilung ist gefallen. **Du bist es wert.** Bist du bereit? Lass uns beginnen!

Welche unangenehmen Gefühle gibt es?

Damit du wieder leichter Zugang zu deinen unangenehmen Gefühlen bekommst, werden wir uns anschauen, welche es überhaupt gibt. Im

Internet findest du unter dem Schlagwort **Gefühls-rad** auch eine schöne Abbildung mit den hier genannten Gefühlen. Es kann nämlich sein, dass ein Gefühl in dir vorhanden ist, du es aber gar nicht so richtig benennen kannst. Falls es dir also schwerfällt, dein Gefühl zu benennen, gehe die Liste in Ruhe durch und spüre, womit du in Resonanz gehst: Welches Gefühl findest du in dir?

Hier ein Überblick über viele unangenehme Gefühle, die du fühlen kannst:

Angst, gedemütigt, verspottet, nicht respektiert, verletzt, abgelehnt, entfremdet, unzureichend, unterwürfig, unbedeutend, wertlos, unsicher, unterlegen, ängstlich, überfordert, hilflos, traurig, wütend, geschockt

Trauer, schuldig, reumütig, beschämt, verlassen, ignoriert, zum Opfer gemacht, verzweifelt, machtlos, verletzlich, deprimiert, unterlegen, leer, einsam, isoliert, gelangweilt, apathisch, gleichgültig

Ekel, Missbilligung, verurteilend, Abscheu, abstoßend, enttäuscht, revoltierend, schrecklich, abscheulich, Vermeidung, Abneigung

Zorn, verletzt, beschämt, wie verwüstet, bedroht, neidisch, hasserfüllt, verärgert, verrückt, wütend, zornig, aggressiv, provoziert, feindselig, frustriert, irritiert, distanziert, zurückgezogen, verdächtig, kritisch, skeptisch, sarkastisch

Unerwiderte Liebe, sich verzehrend, kontrollierend, elend, hoffnungslos verloren, unerwünscht, einsam

Maßnahmen, die dich bei deiner Inneren Arbeit unterstützen

Diverse Maßnahmen sind unterschiedlich gut geeignet, um dich aus einem Stimmungstief herauszuholen. Unser Verstand bietet uns die verschiedensten Möglichkeiten an, um den negativen Gefühlen zu entkommen.

Auch wenn dein Verstand dir sagt, dass du dich jetzt lieber in die Arbeit stürzen solltest, bei mehreren Glas Wein abschalten oder shoppen gehen solltest bis das Konto überzogen ist, ist die Wahrheit, dass diese Verhaltensweisen in Wirklichkeit nicht helfen können, dich von schrecklichen Emotionen dauerhaft zu erlösen. Die Leere in dir oder das Gefühl einer undefinierbaren Angst, die Empfindung nicht mehr wirklich du selbst zu sein oder auch Traurigkeit, kehren zurück.

Einzig unser Herz weiß, wie wir chronische negative Gefühle dauerhaft entsorgen können. Im Herzen sind die emotionalen Probleme entstanden und genau dahin müssen wir auch wieder zurückkehren, um unsere Probleme zu lösen.

Du wirst jetzt lernen, dich diesen negativen Emotionen zu stellen.

Begleitend zu deiner Inneren Arbeit stelle ich dir im **Praxisteil des ersten Kapitels** herkömmliche und grundsätzlich leicht zugängliche Maßnahmen vor, um dich aus einem Stimmungstief zu holen. Mir ist bewusst, dass es besonders viel Kraft braucht, sich dazu zu motivieren, sich etwas Gutes zu tun, wenn es einem emotional wirklich schlecht geht und man sich kraftlos fühlt. Versuche dennoch deinen Willen zu nutzen und die noch vorhandene Kraft, um diese Maßnahmen zusätzlich zu deiner Inneren Arbeit zu ergreifen.

Halten wir am Ende des theoretischen Teils dieses Kapitels fest, dass unangenehme Gefühle einzigartige Hinweisschilder sind, um Schmerzkörper in uns zu entdecken, die in vergangenen Zeiten entstanden sind. Lebenskrisen sind mit einer starken Aktivierung der Seelenenergie verbunden, die in dieser Zeit diese Schmerzkörper, derer sie sich entledigen möchte, an die Oberfläche d.h. in unser Bewusstsein rückt. Doch es kommt noch „dicker": Nicht nur, dass wir uns im Krisenmodus befinden, sondern unser Umfeld reagiert meist auch nicht nur positiv auf unsere gedrückte Stimmung.

Bisher bist du sicherlich tendenziell eher vor negativen Emotionen geflüchtet. Historisch gesehen war es gesellschaftlich etabliert, vor negativen

Emotionen davonzulaufen, was sich mit der heutigen Zeitqualität ändert.

Dein eigenes **Helfersyndrom** kann ein Hinweis dafür sein, wo du selbst Hilfe benötigst oder auch Filmsequenzen, die dich emotional besonders ansprechen, weisen auf Seelenwunden hin.

Ein achtsamer Umgang mit deinen Gefühlen ist der Schlüssel zur seelischen Heilung: Mit Unterstützung der Engel kannst du dich in einem sicheren Umfeld deinen Emotionen unerschrocken stellen.

Meditatives Schreiben ist hierfür eine sehr hilfreiche Herangehensweise oder auch das Nutzen eines Gefühlsrades, um Resonanzen für bestimmte Gefühle zu finden.

Schließlich hast du dir Maßnahmen bewusst gemacht, die dich in deinem Heilungsprozess neben der Seelenarbeit gut unterstützen können.

PRAXIS 2

Praxis: Erste Notfallmaßnahmen bei intensiven negativen Gefühlen

- Hier zunächst einmal Erste-Hilfe-Maßnahmen, die dir im Notfall schwerer Gefühlszustände helfen:

- Sprich das Wort „Liebe" dreimal klar und deutlich hörbar aus.

- <u>Spirituelle Unterstützung</u>: Bitte die Engel darum, dich zu beschützen – die ursprüngliche Bedeutung von Gebet ist übrigens Bitte. Nehme dir später im Laufe des Tages Zeit, dem blockierenden Gefühl Aufmerksamkeit zu widmen, die Ursachen zu erkennen und es zu lösen. Wie das funktioniert, lernst du in diesem Buch.

- <u>Spirituelle Unterstützung</u>: Ziehe gedanklich eine Schutzkuppel um dich herum. Stelle dir hierfür kraft deines Geistes vor, dass du dich unter einer sicheren Kuppel aus Licht bewegst.

- <u>Spirituelle Unterstützung</u>: Sehr hilfreich ist es auch, dir einen schützenden blauen Mantel vorzustellen, den du dir umhängst. Das Blau ist die schützende Kraft von Erzengel Michael.

Praxis: Nimm deine Emotionen wahr

- <u>Spirituelle Unterstützung</u>: Bitte deinen Schutzengel oder einen anderen Engel deiner Wahl, dich beim Wahrnehmen deiner Emotionen zu unterstützen. Die Emotionen dürfen sich dabei in erträglicher Intensität zeigen, so dass sie dich nicht überfordern.

- Spirituelle Unterstützung: Bitte den Engel um eine goldene Schutzkuppel und nutze bei deinem Gebet folgende Worte: Ich bitte, dass alles, was passiert zum höchsten Wohle aller Wesen ist und so auch zu meinem Wohle.

- Das Gebet zu Beginn deiner Arbeit mit deiner Seele kann also lauten:

- Lieber verantwortlicher Engel, unterstütze mich bitte bei der Arbeit mit meiner Seele und hilf mir, dass sich die Emotionen, die seit einem Trauma in mir sind, in einem Maße zeigen, dass ich es gut verkraften kann. Beschütze mich mit einer Schutzkuppel und hilf mir das Trauma zum höchsten Wohle aller Wesen und auch mir aufzulösen.

- Wenn du dich sicher fühlst, lasse nun deinen Emotionen freien Lauf.

- Möglich, dass sich zuallererst ein Schock zeigt. Dieser Schockzustand wird vermutlich die Emotionen blockieren. Fühle den Schock und lass ihn deinen Körper verlassen.

- Spirituelle Unterstützung: Bitte deinen Schutzengel, dich zunächst von dem Schock zu erlösen.

- Während eines Schockzustandes verlässt die Seele vorübergehend auch aus Selbstschutz unseren Körper, sie befindet sich dann oberhalb unseres leiblichen Körpers. Wir haben dann im wahrsten Sinne des Wortes das Gefühl, neben uns zu stehen, nicht wirklich da zu sein. Bitte deine Seele bzw. den entsprechenden Seelenanteil zurück in deinen Körper zu kommen.

- Nun zeigen sich weitere Gefühle wie Angst, Panik und Entsetzen.

- Lasse diese Gefühle frei fließen wie eine Flüssigkeit. Das tut weh. Betrachte dies als **Heilungsschmerz**.

- Schreibe gerne alles auf, was da aus dir raus will. Wir hatten bereits über meditatives Schreiben gesprochen.

Praxis: Ein Behälter voll Gefühl

- Diese zweite Übung dient zur Unterstützung der ersten Übung, damit du die Gefühle bewusster fließen lassen kannst.

- Stelle dir einen Behälter vor, gefüllt mit der entsprechenden Intensität und Menge deines Gefühls: Von Waschbecken über Badewanne bis Swimmingpool ist alles möglich. Hauptsache, der Behälter verfügt über einen Stöpsel.

- Nun erstelle vor deinem geistigen Auge ein Bild dieses Behälters, wie er zum Beispiel mit der Flüssigkeit Traurigkeit gefüllt ist. Nun ziehe bewusst den Stöpsel und beobachte, wie die Traurigkeit abfließt. Dies darf gerne einige Minuten dauern.

- Wenn der Vorgang abgeschlossen ist, spüle gedanklich mit klarem Wasser nach und beobachte, wie auch dies den Behälter verlässt.

- Diese Übung kannst du mit jedem unangenehmen Gefühl in dir machen.

- Vergleiche deinen seelischen Zustand vor und nach dieser Übung.

Praxis: Maßnahmen, die dich bei deiner Inneren Arbeit unterstützen & jederzeit genutzt werden können

- Mutter Natur empfängt uns immer mit offenen Armen, und wir wissen gar nicht, wie sie es immer wieder schafft, aber nach einer halben Stunde an der frischen Luft sieht die Welt schon ganz anders aus.

- Bewegung hilft ebenfalls innere Spannungen abzubauen, Belastendes abzuwerfen und sich wieder entspannter zu fühlen. Mache den Sport, der dich ganz besonders anspricht. Tanzen, um Leichtigkeit in dein Leben zu bringen, kann genauso eine gute Idee sein wie das Boxen, um Aggressionen abzubauen.

- Schöne Musik hebt nachweislich die Stimmung, und auch herkömmliches Lesen oder das Lauschen eines Hörbuches kann das Gedankenkarussell zum Stillstand bringen.

- Erinnere dich an deine kreative Seite. Es spielt keine Rolle, ob du gerne selbstgebastelte Karten herstellst, dich der Fotografie widmest, Töpfern gehst, im Garten etwas neugestaltest oder ein Buch schreibst: Kreativität verbindet uns auf zauberhafte Art und Weise wieder mit uns selbst.

- Eine andere aktive Beschäftigung, um das Innere Gleichgewicht wieder herzustellen, ist es aufzuräumen. Indem du im Außen für Ordnung sorgst, sortieren sich quasi automatisch auch die Dinge im Inneren. Wirf dabei auch gerne Dinge weg, die du nicht mehr wirklich benötigst; das hilft in deiner Seele bei dem inneren Prozess des Loslassens.

- Widme gern deine Aufmerksamkeit Tieren und Pflanzen. Sie sind so viel weiser, als du dir vorstellen kannst. Unser Kater liegt auch gerade neben mir auf einem Sessel und verbreitet seine unendliche Gelassenheit und Liebe.

- Atemtechniken, autogenes Training und Yoga sind speziell dafür gedacht, um besonders dein Nervensystem zu beruhigen, das durch zu starke Emotionen überlastet ist.

- Ein Wellnesstag oder -abend mit Sauna und Massage beruhigt die Nerven und hilft dir, dein inneres Gleichgewicht wieder zu finden.

Das nächste Kapitel ist der Entstehung und Wirkung von negativen Emotionen gewidmet. Du wirst Techniken kennenlernen, um dich ab sofort vor deinem eigenen traumabasierten Verhalten zu schützen.

3. Emotionale Blockaden In Körper, Geist und Seele

3.1. Negative Glaubenssätze

Während des bewussten Aufräumens in deiner Seele erreichen dich Erkenntnisse, die deinen Heilungsprozess voranbringen. Zu diesen Erkenntnissen zählen auch, dass du negative Glaubensätze in dir erkennst.

So haben im Laufe der Zeit etliche Glaubenssätze ungefragt in deinem Denken Platz gefunden und machen ohne deine Mithilfe auch keine Anstalt, dein Denken über dich selbst wieder zu verlassen. Wenn du beginnst, dich mit toxischen Glaubenssätzen über dich selbst zu befassen, wirst du feststellen, dass du so einige ungebetene Gäste beherbergst. Eine Auswahl von negativen Glaubenssätzen, die du enttarnen darfst, findest du im **Praxisteil dieses Kapitels**.

Toxische Glaubenssätze über uns selbst entstehen während einer traumatisierenden Situation oder auch über einen längeren Zeitraum, der für uns traumatisierend war.

Sie verändern das Bild, das du über dich selber hast. Wir denken sozusagen verkehrt über uns und die Welt.

Was hat das genau für Auswirkungen und warum sollte man sich konsequent von ihnen trennen? Falsche Glaubenssätze führen dazu, dass wir nicht in der Lage sind, uns in bestimmten Situationen angemessen zu verhalten. So akzeptieren wir zum Beispiel aufgrund von Minderwertigkeitsgefühlen das Fehlverhalten einer Person, da wir zum Beispiel mit der Lüge leben, weniger wert zu sein als andere. Folgenschwer: Das so entstandene mangelnde Selbstwertgefühl wird zu deinem ständigen Begleiter.

Negative Glaubenssätze werden dir nicht nur erzählt und antrainiert, sondern du hast sie auch selbst entwickelt: Erlebt ein Kind zu Hause Eltern, die der wichtigen Aufgabe der Familienführung nicht angemessen nachkommen können, entwickelt es für sich den Glaubenssatz: „Ich kann mich hier auf niemanden wirklich verlassen und nehme mein Schicksal besser selbst in die Hand!".

Solche Kinder haben meist für ihre Mitmenschen etwas sehr Beeindruckendes an sich und wirken schon früh sehr selbständig und zielbewusst. Andererseits projizieren diese Kinder das sich selbst angeeignete Denken fortan auf ihr ganzes Leben und lassen Geborgenheit, Vertrauen und Unterstützung in ihrem Leben gar nicht oder nur sehr schwer zu. Sie trauen nur noch sich selbst. An derartigen Einstellungen kann ein Mensch auch zerbrechen, aber zumindest wird das Leben dieser Person in der intensivsten Variante zu einer one-man oder one-woman-show. Natürlich ist dies durch einen Erkenntnisprozess revidierbar.

Es ist übrigens total in Ordnung, dass du diese toxischen Glaubenssätze auch erst später in deinem Erwachsenendasein findest. Es ist ein gewisser Grad an Eigenreflexion nötig, um toxische Glaubenssätze zu identifizieren. Sie sind einfach so selbstverständlich in deinem Leben integriert, dass sie zunächst nicht weiter auffallen. Doch mit zunehmender Selbstreflexion merkst du, dass da was mit deinem Selbstbild nicht stimmt. Besonders in Lebensabschnitten, die krisenhaft sind und dich durch äußere Begebenheiten förmlich dazu zwingen, dich mit dir selbst zu beschäftigen, gewinnst du Erkenntnisse über dein bisheriges Leben. Warum zum Beispiel verlässt du das Haus, um zu einem Treffen zu gelangen, nicht einfach unbeschwert und voller Vorfreude? Stattdessen könnte es sein, dass du viel Zeit investiert, bis auch die letzte Haarsträhne richtig sitzt, um dann trotzdem noch voller gemischter Gefühle und Gedanken über dich selbst zum Treffen zu gehen. Doch irgendwann in deinem Leben wirst du über diesen Aspekt stolpern und es dir unkomplizierter wünschen.

Bei toxischen Glaubenssätzen über uns selbst helfen uns auch wieder sehr gut andere Menschen: Durch wiederkehrende Muster in deinem Leben können dir Zusammenhänge offenbar werden: So ist ein dir gegenüber gezeigtes Verhalten anderer immer wieder ähnlich. Hier möchte dich deine Seele auf etwas hinweisen: Vielleicht wird dir immer wieder gespiegelt, dass deine Optik nicht angemessen ist. Menschen, die dir Negatives über dich erzählen oder dich schlecht behandeln, gehen sozusagen in Resonanz mit deinen eigenen Glaubenssätzen. Im **Praxisteil** dieses Kapitels, findest du eine wirkungsvolle Übung, wie du dir eine kritische, gesunde Distanz aufbauen kannst, wenn andere negativ über dich reden und sie als Steilvorlage nutzen, um negativen Glaubenssätzen auf die Schliche zu kommen: In dem oben genannten Beispiel könnte es sein, dass dein Erscheinungsbild als Kind ständig durch Erwachsene kritisiert worden ist und du dem Glaubenssatz folgst, es trotz aller (kindlichen) Bemühungen nie zu schaffen, optisch gut auszusehen, und nachhaltig verunsichert bist.

Ein Grund, weshalb es manchmal lange dauert, bis uns toxische Glaubenssätze auffallen, ist die Loyalität mit den Eltern und anderen Erwachsenen der Kindheit. Selbst in deinem späteren Leben gerätst du schnell in einen inneren Konflikt: Einerseits die Scheu, das Vertrauen aus deiner Jugend mit deren Ratschlägen und Handlungen – ihre Integrität – im Nachhinein anzuzweifeln; andererseits die Erkenntnis, dass du durch das unachtsame Verhalten der Erwachsenen deiner Kindheit toxische Glaubenssätze entwickelt hast. Du hast nun die Wahl, dir diese Zusammenhänge bewusst zu machen und die Glaubenssätze in dir zu heilen, oder aber auch weiterhin ein eher kindliches und eben kein Verhältnis auf Augenhöhe mit deinen Eltern oder anderen Bezugspersonen zu haben.

Vielleicht entfernst du dich in dieser Zeit des Aufräumens und der Klärung auch etwas von deinen Eltern, Großeltern und anderen Verwandten. Möglich, dass dir Zusammenhänge auffallen, die dich sogar dazu bewegen, den Kontakt nicht mehr aufrecht erhalten zu wollen. Meines Erachtens ist ein Kontaktabbruch in besonderen Fällen durchaus angebracht, wenn es dir in Verbindung mit diesen Menschen einfach nicht möglich ist, deine Selbstachtung und Würde zu erhalten oder aber aufzubauen.

Wenn du diese Aufräumarbeit jedoch gründlich durchlaufen hast, gemeinsame Gespräche und ein Verzeihen stattgefunden haben, dann kann eine Beziehung auch wieder gut funktionieren. Sie wird sich dann jedoch ganz anders anfühlen. Da eine **Emanzipation** von deinen Eltern stattgefunden hat, könnt ihr euch auf einer neuen Ebene nun als Gleichberechtigte begegnen. Miteinander zu lernen und zu reifen ist ein wundervoller Prozess.

Es ist natürlich umso vorteilhafter für dich, wenn du diese Glaubenssätze schon früh in deinem Leben entdeckst und heilst und du so dein Potential viel schneller entfalten kannst.

Stelle dir dein jetziges Ich wie eine wirklich wunderschöne Statue aus der griechischen Antike vor, die jedoch nicht gepflegt wurde und die durch den Zahn der Zeit verunstaltet, überwachsen und vielleicht sogar von sehr viel Gestrüpp umgeben ist. Schritt für Schritt darfst du dich jetzt der ursprünglichen Form nähern: Dinge entfernen, abschneiden, liebevoll säubern und die Oberfläche restaurieren. Mit anderen Worten: Stelle dich darauf ein, dass dieser Prozess wirklich Zeit und Sorgfalt benötigt und du mit dem Erkennen und Heilen eines Traumas längere Zeit beschäftigt bist. Doch sei dir gewiss, dass du dich über jeden Schritt, den du machst, freust, deinem Ziel näher gekommen zu sein: Deinem authentischen Ich.

In dir existieren positive und blockierende Glaubenssätze natürlich immer zeitgleich. Es kann sich wie ein innerer Kampf anfühlen, wenn die lichten Kräfte – verbunden mit angenehmen Gefühlen und Glaubenssätzen – und die dunklen Kräfte, in Verbindung mit negativen Gefühlen und Glaubenssätzen, um deine Aufmerksamkeit ringen. In der Umgangssprache haben sich hierfür das sprichwörtliche „Teufelchen" und das „Engelchen" etabliert, die jeweils auf deiner rechten bzw. linken Schulter Platz genommen haben, um ihren Einfluss auf dich geltend zu machen. In diesen Fällen ist es wirklich hilfreich, wenn dir klar ist, dass dein negatives Fühlen und Denken über dich so weit von der Wahrheit entfernt ist wie die Annahme, dass du ein unvollkommenes Wesen seiest.

Es ist immer sinnvoll, deine Verhaltensweisen an den lichtvollen d.h. positiven Gefühlen und Denken auszurichten.

Halten wir am Ende des theoretischen Teils dieses Kapitels fest, dass wir über Glaubenssätze gesprochen haben, die in traumatisierenden Situationen fälschlicherweise entstanden sind und sich als Lügen über dich in deinem Denken festgesetzt haben. Die toxischen Glaubenssätze hast du selbst entwickelt oder sie wurden dir antrainiert. Dieses Denken über uns bekommen wir zusätzlich durch unsere Außenwelt gespiegelt. Angenehme und unangenehme Gefühle und widersprüchliches Denken sind im Wettstreit um deine Aufmerksamkeit und du entscheidest, welches Gefühl und welche Gedanken schließlich deine Handlungen bestimmen. **Die Umwandlung der toxischen Glaubenssätze in unterstützende Glaubenssätze ist ein wesentlicher Aspekt der Heilung.**

PRAXIS 3.1.

Praxis: Kritische Distanz zu dem aufbauen, was andere über dich behaupten

- Wenn andere uns negative Eigenschaften zuschreiben, entsteht schnell das Gefühl eines gewissen Widerstandes in uns. Andererseits ist da auch ein Teil in dir, der glaubt, was über dich gesagt wird.

- Nimm die Behauptungen anderer zum Anlass, über dich nachzudenken. Werden dir deine negativen Glaubenssätze über dich selbst gespiegelt? Wann könnten sie entstanden sein? Willst du weiterhin so über dich denken?

- Um hier an den eigentlichen Ursprung deines toxischen Denkens über dich zu gelangen, arbeite mit der Übung „Traumatisierende Situationen besuchen" (Praxis 3.3., S.74) weiter.

- Natürlich kannst du auch jederzeit Kurskorrekturen in deinem Leben vornehmen, wenn die Kritik an dir berechtigt ist.

Praxis: toxische Glaubenssätze und deine Resonanz

Lese dir die Glaubenssätze gründlich durch und erspüre einmal, mit welchem Glaubenssatz du in Resonanz gehst. Mache dir deine eigenen toxische Glaubenssätze bewusst. Gibt es noch weiteres Denken über dich, das sich falsch anfühlt?

- Ich bin wertlos oder zumindest weniger wert als andere. Andere dürfen mich daher auch schlecht behandeln.

- Zeige ich mich, wie ich bin, werde ich abgelehnt. Ich sollte mich lieber verstellen.

- Ich werde nur geliebt, wenn ich sehr viel leiste. Ich muss mich also immer sehr anstrengen.

- Die Leistung, die ich erbringe, ist so gut wie nie ausreichend. Ich lasse es lieber gleich.

- Ich trage Schuld an der Situation. Ich muss das daher jetzt alles ertragen.

- Ich habe Schuld am Fehlverhalten einer anderen Person. Ich hätte es vorausahnen müssen. Ich habe daher in meiner Schutzfunktion versagt.

- Ich kann an der Situation nichts ändern. Ich ergebe mich in mein Schicksal.

- Ich kann anderen nicht vertrauen und nehme daher lieber alles selbst in die Hand.

- Ich hatte früher bereits einmal die Kontrolle über mich verloren und Schlimmes erfahren. Ich werde künftig also alles in meinem Leben streng kontrollieren.

Spirituelle Unterstützung: Bitte deinen Geistführer und andere zuständige Engel, dich bei dem Prozess, deine negativen Glaubenssätze loszulassen, zu unterstützen.

Praxis: positive Glaubenssätze

Lese dir die positiven Glaubenssätze gründlich durch und erspüre, ob sie etwas sind, was du neu in dein Leben integrieren willst.

- Ich bin wertvoll. Ich bin seit meiner Geburt genauso wertvoll wie alle anderen Menschen.

- Leistung bestimmt nicht meinen Wert. Ich erbringe Leistung aus innerer Freude heraus und daher macht es auch nichts, wenn ich einmal keine Leistung bringe.

- Ich bin nicht schuld an dem Fehlverhalten anderer. Ich lasse die Verantwortung für das Geschehene bei ihnen. Ich stehe zu meinen Taten und bringe Dinge wieder in Ordnung, wenn ich mich falsch verhalten habe. Ich bitte Menschen ggf. um Verzeihung und ändere mein Verhalten.

- Ich schaffe es, schwierige Herausforderungen zu meistern. Ich habe starke Verbündete: Glaube und Vertrauen an und in mich selbst; Geduld, Beharrlichkeit und Vertrauen in Gott.

- Ich trage keine Schuld an der Situation, das haben andere zu verantworten.

- Ich kann die Situation verändern. Es liegt in meiner Macht, ich kann das.

- Ich kann anderen vertrauen und gebe daher auch Verantwortung ab.

- Ich lasse Kontrolle los und vertraue.

Im nächsten Kapitel erfährst du, über die starken Fähigkeiten deines spirituellen Herzens und dass es der Ort ist, an dem tiefe Heilung passieren kann.

3.2. Die Magie deiner Seele

Wir werden uns nun mit den Fähigkeiten deiner Seele auseinandersetzen.

Dein anatomisches und dein spirituelles Herz sind jeweils der Boss in deinem System, wenn es um die Führung im körperlichen bzw. spirituellen Bereich geht. Dein spirituelles Herz ist mit dem Göttlichen verbunden. Dies kannst du natürlich mit bloßem Auge nicht sehen, denn diese Verbindung ist eine energetische. Am intensivsten merkst du diese Verbindung in Momenten, wenn alles in dir im Einklang ist: Du befindest dich zum Beispiel in einer wunderschönen Landschaft, mit Menschen, die du liebst, und es fühlt sich in dir frei und unendlich friedvoll an. Das sind Glücksmomente, in denen du mit dem Göttlichen eins bist. Ein Zustand übrigens, den du immer wieder erreichst, insbesondere nach dem Durchlaufen intensiver Transformation.

Dein Herz ist dein innerer Kompass in allen Lebensfragen. Daher ist es grundlegend, dass du mit deinem Herzen verbunden bist. Wann immer dein spirituelles Herz am Zug ist, trifft es Entscheidungen aus einer göttlichen und positiven Motivation heraus. Besonders in verwirrenden und chaotischen Zeiten hilft es dir: Wenn du dich auf die Ebene deines Herzens einlässt, wird es dir klar zu verstehen geben, was für dich die richtige Entscheidung und

daraus resultierende Handlung ist. Eine Übung hierfür findest du im **Praxisteil** dieses Kapitels.

**Dein Herz kennt den Weg deiner Heilung
und wird dich über deine Intuition zu Menschen
und Situationen führen, die dich darin unterstützen, toxische Muster und Glaubenssätze zu erkennen und zu transformieren.**

Das darfst du tatsächlich auch so verstehen,
dass deine Seele dich nicht nur in angenehme Situationen führt. Sie wird dich auch dort hinführen, wo
es weh tut, wo du für dich Wichtiges erkennen
kannst, um alte Muster loszuwerden. Dein Weg ist
immer zu deinem höchsten Wohle, auch wenn es
sich manchmal nun wirklich nicht so anfühlt. Du bist
gefragt zu erkennen, warum du dich genau in bestimmten Umständen wieder findest. Was hat das
Ganze also mit dir zu tun?

Wir haben ja schon festgehalten, dass du
selbst das allerwichtigste Projekt in deinem Leben
bist, so dass du besten Gewissens den Raum schaffen darfst, um mit dir selbst zu arbeiten. Das Ergeb-
nis wird sich sehen lassen können, denn ohne diese
einschränkenden Gefühle, blockierenden Glaubenssätze und insgesamt toxischen Muster lebt es
sich so viel besser und leichter. Wenn du also die
Bereitschaft hast, ganz zu deinem authentischen Ich
und deiner persönlichen Freiheit zurückzukehren,

kannst du Herausforderungen mit ganz anderen Augen sehen und meistern.

Die Aufgabe deines Verstandes ist es, die Entscheidungen des Herzens ins Machbare umzusetzen. Falls jedoch ein angstgesteuerter Verstand in deinem Leben die Führung übernommen haben sollte, wirst du irgendwann das Gefühl haben, ein Stück weit den Kontakt zu dir selbst verloren zu haben. Dieses Selbst, das ist dein spirituelles Herz bzw. deine Seele. Es ist nie zu spät, die göttliche Ordnung wieder herzustellen und dich wieder an deinem Herz zu orientieren.

Zwei der vielen beeindruckenden Eigenschaften der Seele möchte ich dir an dieser Stelle noch einmal betonen: Erst einmal verfügt die Seele, genauso wie unser Körper, über **starke Selbstheilungskräfte**. Erinnere dich daran, was du machst, wenn dein Körper von einer Krankheit attackiert wird: Du ziehst dich selbst aus dem hektischen Verkehr des Alltags zurück und meist verordnet dir dein Körper automatisch Bettruhe. Die Genesung kann von Heilungsschmerzen wie Fieber, Gliederschmerzen begleitet sein, die gleichzeitig dazu dienen, dass du wieder gesund wirst. Nicht anders verhält es sich beim Heilen von Seelenwunden: Du ziehst dich ebenfalls zurück, lässt den Schmerz in Form von Gefühlen fließen und „schaust" in die Tiefe der Wunde hinein, damit sie erlöst werden kann. Während du die alten Gefühle in dir an die Oberfläche kommen lässt, geht es dir emotional schlecht. Du fühlst dich insgesamt elend und weinst eventuell. Doch dies sind heilsame Tränen! Auch an dieser Stelle können wir von Heilungsschmerzen sprechen. Das ist normal. Am Ende dieses Vorgangs geht es dir, in der Tiefe gereinigt, besser. Mache dir übrigens bewusst, dass du aus gewissen Erfahrungen heraus gut auf deinen Körper aufpasst, um nicht krank zu werden. Ähnliches gilt für deine Seele: Lerne gut auf sie aufzupassen, damit sie nicht verwundet wird.

Eine andere ganz besondere Eigenschaft der Seele ist ihre buchstäbliche **Zeitlosigkeit**; das völlige losgelöst sein von Zeit und Raum. Dementsprechend können auch weit zurückliegende Traumata zu jeder Zeit geheilt werden. Das Argument, dass eine negative Erfahrung schon sehr lange zurückliegt und jetzt nicht mehr relevant sei, ist eine Illusion. Auch der Gedanke, dass die Seele nach all der Zeit nicht mehr heilbar ist, entspricht nicht der Wahrheit.

Halten wir am Ende des theoretischen Teils dieses Kapitels fest, dass deine Seele verschiedene außergewöhnliche Fähigkeiten besitzt, um dich auf dem Weg deiner Heilung zu unterstützen. Deine Seele verfügt über eine spirituelle Verbindung zu Gott. So kann deine Seele den Heilungsprozess auf der Erde lenken, wenn du deinen Intuitionen folgst. Du aktivierst die Selbstheilungskraft der

Seele, wenn du bewusst negative Emotionen aus dir herausfließen lässt, die auch lange nach einem traumatisierenden Erlebnis in der Seele noch vorhanden sind.

PRAXIS 3.2.

Praxis: Mit meinem spirituellen Herzen Kontakt aufnehmen und ihm zuhören

- Schaffe dir eine wirklich entspannte und ruhige Umgebung.

- Lege deine rechte Hand auf dein anatomisches Herz und fühle es.

- Spirituelle Unterstützung: Bitte deinen Schutzengel oder einen anderen Engel deiner Wahl, dich beim Wahrnehmen deines spirituellen Herzens bzw. deiner Seele zu unterstützen und dich zu schützen.

- Frage in dein spirituelles Herz hinein, wie es ihm geht, und höre sehr aufmerksam und ohne jede Wertung zu.

- Falls wichtige Entscheidungen anstehen, frage dein spirituelles Herz ganz konkret, wie du dich entscheiden sollst.

- Dein spirituelles Herz kennt nur ein Ja oder ein Nein zu einer Frage. Es ist da sehr klar!

- Lerne, deinem spirituellen Herzen zu vertrauen, denn deine Herzensweisheit kann dich durch das größte Chaos führen.

Im nächsten Kapitel werden wir uns mit den für dich spezifischen traumatisierenden Situationen beschäftigen. Hier haben sich belastende Emotionen tief in deiner Seele festgesetzt. In diesen Situationen sind auch die falschen Glaubenssätze über dich entstanden, die fortan Macht über dich haben. Es ist bedeutsam, dass du gedanklich genau in diese Situation zurückgehst, denn toxische Emotionen und Glaubenssätze müssen dort wieder geheilt werden, wo sie entstanden sind. Legen wir los!

3.3. Begegnung Mit Dem Traumatisierten Ich

Liebe verwundete Seele!

Nun bin ich da, dein stabiles Ich, um dir zur Hilfe zu eilen.

Das Erlebte hat dich bis ins Mark erschüttert und du leidest noch unter den Folgen. Es hat so vieles in dir, auch deinem Geist und Körper, durcheinandergebracht. Die Wunde ist so tief, dass ich nun sehr behutsam, mit Ausdauer und Geduld, dich von dem Schmerz erlösen kann. Ich werde dir jetzt nicht mehr von der Seite weichen bis ich merke, dass mir wieder ein zufriedenes Lächeln aus deiner Tiefe entgegenstrahlt. Ich selbst bin die Person, auf die ich lange gewartet habe, denn ich liebe mich bedingungslos und gehe mit mir die Schritte, die es braucht, um wieder ganz heile zu werden. Ich vertraue mir.

Dein stabiles Ich (Innerer Heiler /Heilerin, Über-Ich)

In diesem Kapitel geht es darum, dass du mit dem traumatisierten Teil in dir in den Kontakt kommst. Zum Zweck der Heilung unterscheiden wir zwischen dem stabilen Ich (innerer Heiler/in oder auch Über-Ich) und dem traumatisierten Ich. Du kannst dir dein stabiles Ich wie eine sehr gefestigte und in sich ruhende Persönlichkeit vorstellen, die eine emotionale Distanz zu dem Geschehenen besitzt, und das unverwundbar, in einem geschützten Kern, in dir vorhanden ist. Aus spiritueller Sicht ist dies der göttliche Teil in dir, der durch diesen göttlichen Schutz auch nicht traumatisiert ist. Genau dieser Teil in dir ist es, der jetzt dem anderen Teil, der auch nach Jahren die Auswirkungen der Traumatisierung noch mit sich trägt, helfen kann.

Dein traumatisiertes Ich

Das traumatisierte Ich hat das vergangene Trauma überstanden beziehungsweise irgendwie überlebt, während das Leben weitergegangen ist. Folgendes Bild soll dir deinen inneren Zustand verdeutlichen: Stelle dir vor, eine Naturkatastrophe bricht über einen Landstrich herein. Irgendwann ist natürlich die unmittelbare Gefahrensituation vorbei. Wie selbstverständlich beginnen dann im Anschluss die Aufräumarbeiten. Es wird zusätzlich von außerhalb Hilfe angefordert, um die Schäden zu beseitigen. Der verwüstete Ort wird im besten Fall nicht lediglich wiederhergestellt, sondern er wird idealerweise gegen mögliche künftige Gefahren bestmöglich gesichert. Wenn alles gut klappt, sind die Schäden bald nicht mehr sichtbar und es existiert vielleicht noch eine Gedenktafel, die an die glorreiche Überwindung der großen Herausforderung erinnert.

Gehen wir Menschen mit unserer Seele ebenso sorgsam um? Wohl eher nicht. Warum vernachlässigen wir das Bedeutsamste in uns? Weil man seelische Schäden, die oftmals lange verborgen im Innern eines Menschen schlummern, eben nicht so direkt erkennen kann wie materielle Schäden.

Vielmehr bleibt der emotionale Schaden wie ein Haufen Trümmer, der nach einem Trauma nicht beseitigt wurde, im Herzen eines Menschen zurück. Da die Trümmer nicht beseitigt wurden und auch kein zukünftiges Krisenmanagement ins Leben gerufen wurde, fühlt sich das Leben unangenehmer und holpriger an. Die Trümmerhaufen, die ein schreckliches Erlebnis hinterließ, liegen herum und behindern den Fluss der Lebensenergie. Die Fröhlichkeit, Unbeschwertheit und das Unbekümmerte als Indikator eines inneren Wohlbefindens verschwinden im Leben der Betroffenen. Wir beginnen uns nach diesem Lebensgefühl zurückzusehnen, beobachten andere Menschen, insbesondere Kinder, für die dieser unbeschwerte Zustand grundsätzlich selbstverständlich ist. Möglich ist jedoch auch das Gegenteil: Dass die Gegenwart von Kindern unerträglich wird, da der traumatisierte Bereich unserer Seele Überhand gewonnen hat und das Unbeschwerte als Erinnerung an ein fröhlicheres Leben nicht mehr wirklich aushaltbar ist. Es würde einfach zu traurig stimmen.

Die gute Nachricht ist, dass ein fröhliches Lebensgefühl durch die Beseitigung der Seelenwunden wieder erreicht werden kann.

Dein stabiles Ich heilt das traumatisierte Ich

Traumatisierungen können uns grundsätzlich in jeder Lebensphase ereilen. Ob bereits in der Kindheit toxische Muster durch die Eltern übertragen worden sind, ob etwa eine Frau durch belastende Erlebnisse in Partnerschaft oder Mutterschaft (man denke allein an eine komplizierte Geburt) seelischen Schaden erlitten hat oder ein Mann durch Überforderung in seinem Rollenbild, dem er nur mühsam gerecht wird: Je nachdem, wie früh eine Traumatisierung stattgefunden hat, wurde die Wunde mit dem Vergehen der Zeit allenfalls notdürftig gekittet. Nun braucht es etwas Mut, um dich noch einmal mit deinem eigenen Trauma auseinanderzusetzen. Wir haben hier die langfristigen Erfolge im Blick: nämlich ein Leben, ohne Einfluss blockierender Emotionen.

Bedenke bitte auch, dass die Mentalität und Sicht auf die Welt deines verwundeten Ichs eine ganz andere ist als die deines stabilen Ichs. Dein stabiles Ich hat ein anderes Bewusstsein und das ermöglicht es dir eben auch, die traumatisierende Situation aus einer ganz anderen Perspektive zu betrachten. Die Souveränität und Einsichten deines stabilen Ichs können deinem alten Ich, das sich klein, unbedeutend oder ängstlich fühlt, helfen.

Warum Kinder anfälliger für Traumatisierung sind

Noch ein Wort zur kindlichen Denkweise: Kinder ziehen in einer Situation ganz andere Schlussfolgerungen als Erwachsene. Wenn du als Kind gesagt bekommst, dass du in irgendeiner Form nicht gut genug bist oder nicht stimmst, wirst du es den

Erwachsenen glauben. Kinder haben die Gabe, ihre Eltern bedingungslos zu lieben, ihnen bedingungslos zu vertrauen und zu glauben. Das hat auch viel mit **Loyalität** zu tun, denn die meisten Erwachsenen im Umfeld eines Kindes sind auch gleichzeitig diejenigen, die es beschützen, ihm die Welt erklären und seine Existenz sichern. Diese kindliche Loyalität bewirkt nicht nur, dass du Lügen, die dir über dich erzählt wurden, missverständlicher Weise als Wahrheit integriert hast, sondern auch, dass **dein Inneres Kind die Ansichten der Eltern aus Loyalität heraus vielleicht nicht hinterfragen will.** Hier sind etwas Einfühlungsvermögen und Geduld nötig.

Als reifere Persönlichkeiten sind wir viel besser in der Lage zu verstehen, dass die Anschuldigungen und das Verhalten einer anderen Person viel mehr mit dieser Person selbst als mit uns zu tun haben. Motive des unangemessenen Verhaltens können Neid, Projektion der eigenen Unzufriedenheit oder einfach die ungesunde Absicht sein, sich selbst zu erhöhen und den anderen zu erniedrigen.

Das Aufsuchen der traumatisierenden Situation

In Situationen, in denen es dir nicht gut geht oder auch am Abend nach einem Tag, an dem du ein sehr unangenehmes Gefühl in dir wahrgenommen hast, spazierst du auf dem wahrgenommenen Gefühl tief in die Seele hinein und suchst nach Situationen, Bildern, Umständen aus der Vergangenheit, die mit dieser starken Emotion verbunden sind. Die genaue Anleitung findest du im **Praxisteil** des Kapitels.

Diese Übung ist eine Herzensangelegenheit. Erlaube deinem Verstand nicht, die entstehenden Bilder zu zensieren oder kleinzureden. Der Verstand hat hier keine Kompetenz. Der Schaden ist in der Seele entstanden und kann auch nur dort wieder behoben werden. Bitte ihn also höflich aber bestimmt, sich da nicht einzumischen.

Da vor allem in westlichen Gesellschaften die Bedeutung unseres spirituellen Herzens nicht bekannt ist und dementsprechend nicht geschult wird, kann es zum Anfang etwas Übung brauchen, um dein Herz zu Wort kommen zu lassen. Es ist jedoch die Anstrengung wert.

Traumatisierende Situationen

Während du deinen unangenehmen Gefühlen auf den Grund gehst, kannst du dich in mehrerlei unterschiedlichen vergangenen Situationen wiederfinden! Ich beschreibe hier eine Auswahl von Emotionen und dazu passende Ursachen aus der Vergangenheit:

Vorweg eine kurze Erinnerung: Die Bewertungen von Situationen verändern sich im Laufe deines Lebens stark.

Bei dem Gefühl starker Angst, Hilflosigkeit und Ohnmacht können vergangene Erlebnisse die Ursache sein, in denen du der Willkür anderer Menschen ausgeliefert warst, die ihre Macht über dich missbraucht haben. Das Verhalten dieser Menschen äußerte sich in Respektlosigkeit, Demütigung, Misshandlungen, psychischer oder auch physischer Art dir gegenüber.

Das Gefühl, auf keinen Fall die Kontrolle verlieren zu dürfen, verbunden mit Versagensängsten, kann auf eine klassische Überforderung in der Kindheit hinweisen: Als Kind oder Erwachsener wurden dir auch unbewusst Aufgaben gestellt, denen du nicht gewachsen warst. Deine Eltern vergaßen, dass du noch ein Kind warst. Möglich, dass du dir selbst in einer instabilen Familiensituation Aufgaben auferlegt hattest, die dich überforderten. Als Beispiel sei hier das eine Geschwisterkind genannt, das in unzumutbarer Weise für die übrigen Geschwister und meist auch für den Haushalt unverhältnismäßig stark verantwortlich war. Ich möchte an dieser Stelle auch erwähnen, dass du als Kind möglicherweise die Tendenz hattest, Verantwortung für das Fehlverhalten eines Erwachsenen zu übernehmen und somit in die Rolle eines Elternteils geschlüpft warst. Dies nennt man **Parentifizierung**. Kinder versuchen dann in ihrem zarten Alter die verlorengegangene Ordnung wieder herzustellen, indem sie Aufgaben desjenigen übernehmen, der als Erwachsener wenig

Verantwortungsbewusstsein hat, oder aber sie führen bereits klärende Gespräche mit Erwachsenen, um für Ordnung zu sorgen. Kinder und auch die späteren Erwachsenen haben das Gefühl, die Verantwortung tragen zu müssen oder sogar Schuld zu haben für etwas, das sie nicht zu verantworten haben.

Für das Gefühl, in einer überfordernden Weise für eine gute Stimmung in einer Gruppe unbedingt verantwortlich zu sein, können ebenfalls überfordernde zwischenmenschliche Faktoren in der Kindheit auslösend sein. Stellen wir uns ein Kind vor, dass ein tatsächliches oder gefühltes düsteres Geheimnis mit sich herumträgt und ständig mit der Angst leben muss, dass dieses Geheimnis auffliegt und es Bestrafung in Form von Ausgrenzung und Liebesentzug erfährt. Vielleicht wurde ihm von einer erwachsenen Person untersagt, über eine bestimmte Angelegenheit zu reden oder es hat sich selbst vorgenommen, über bestimmte Dinge nicht zu reden, da es für sich beschlossen hat, dass etwas sein Geheimnis bleiben muss. Stellen wir uns also den inneren Konflikt dieses Kindes vor: Es verbietet sich nicht nur über etwas sehr Belastendes zu sprechen, sondern hat außerdem noch die ständig schwelende Angst, dass sein Geheimnis doch irgendwie auffliegt. Es lernt folglich, sein Verhalten so zu gestalten, dass es unauffällig bleibt und kontrolliert sein Verhalten in der Weise, dass kein Verdacht von Dritten geschöpft werden kann. Darüber hinaus übernimmt dieses Kind auch noch die Verantwortung für das Fehlverhalten einer anderen, meist erwachsenen Person. Wir können uns vorstellen, dass ein in der Weise traumatisiertes Kind an Unbeschwertheit einbüßt und sehr viel unterdrückte Angst mit sich herumträgt und auf der anderen Seite vielleicht sogar ein übertrieben fröhliches Verhalten (der typische Klassenclown) an den Tag legen kann.

Bei Minderwertigkeitsgefühlen und mangelndem Selbstwert können in deinem Elternhaus wiederkehrende Aussagen über dich getroffen worden sein, die zwar deine Existenz nicht bedroht haben, dir jedoch das starke Gefühl von Wertlosigkeit vermittelt haben, welches ggf. bis heute andauert und sich in bestimmten Situationen zeigt.

Bei starken Verlust- und Existenzängsten können in der Vergangenheit Trennungen von geliebten und bedeutsamen Menschen vorgefallen sein, die meist unerwartet und nicht vorhersehbar verschwunden und auch nicht mehr zurückgekehrt waren. Diese hatten für dein eigenes materielles und seelisches Überleben eine wichtige Rolle inne. Auch materieller Verlust, der die Existenz bedroht, ist Trauma auslösend.

Intensive Ängste, das eigene Leben betreffend, können ein Hinweis darauf sein, dass du Ausgrenzung aus der Gemeinschaft oder Verrat erleiden musstest. Diesen schweren Erfahrungen ist gemeinsam, dass du dich während des Vorfalls in unmittelbarer Weise in deiner Existenz bedroht gefühlt hast. **Todesangst** ist das stärkste negative Gefühl, das wir haben können. Sie brennt sich von allen am stärksten in unsere Seele ein, wenn wir sie einmal erfahren mussten.

Bei dem Gefühl, den Herausforderungen des Lebens nicht gewachsen zu sein, kann auf eine klassische Unterforderung in der Kindheit hinweisen. Gerade Eltern, die selbst eine gewisse Überforderung bei gleichzeitiger seelischer Vernachlässigung in der eigenen Kindheit erfahren haben, ist zu beobachten, dass sie das eigene Kind übermäßig vor allen (auch emotionalen) Gefahren beschützen wollen. So konnte sich keine echte Resilienz und kein adäquater Umgang mit den Herausforderungen des Lebens entwickeln.

Mit dem traumatisierten Ich reden

Jetzt geht es darum, den angerichteten Schaden deines traumatisierten Ichs zu heilen. Du begibst dich auf eine Zeitreise, zurück an den Ort und die Umstände, die es zu reparieren gilt. Hauptakteure sind dein stabiles Ich und der traumatisierte Teil. Im Folgenden beschreibe ich mit Hilfe von zwei Beispielen einzelne konkrete Schritte, um mit dem traumatisierten Ich zu kommunizieren:

In dir könnte ein Gefühl von starker Wertlosigkeit vorhanden sein. Du suchst in deinen Erlebnissen nach einer Situation, in der du dieses Gefühl ganz besonders intensiv gefühlt hast. Das stabile Ich findet sich zum Beispiel in der besonderen **Situation wieder, in der du als jugendlicher Mensch bloßgestellt worden bist**.

Beobachten: Du nimmst zunächst die Situation, in die du gelangst, mit allen vorhandenen Emotionen (auch gerne durch die Gestik und Mimik der Beteiligten) wahr.

Eingreifen: Du gehst gedanklich dazwischen und teilst den Personen, die gerade einen verbalen Angriff durchführen, mit, dass sie das sofort unterlassen sollen.

Trost und Klarstellung: Dann wendest du dich deinem alten Ich zu, nimmst es in die Arme und erklärst ihm, dass diese Worte aus Boshaftigkeit und Neid gewählt worden sind und nichts mit deiner Person zu tun haben. Erkläre ihm deutlich, dass er keine Schuld an der Situation trägt.

Gefühle loslassen: Der junge Mensch von damals darf seine Traurigkeit, Verzweiflung und Angst, die er damals empfunden hat, zu- und herausfließen lassen. Die Gegenwart deines stabilen Ichs unterstützt ihn dabei. Es ist übrigens das gleiche Gefühl, das bereits vorhanden war und dich veranlasst hat, die Ursachen in der Tiefe deiner Seele zu finden. Lass dir Zeit für diesen Schritt.

Denkmuster enttarnen: Hier kann sich zum Beispiel der Glaube verfestigt haben, dass du zu bestimmten Dingen nicht fähig und daher weniger wertvoll bist. Dies enttarnst du als Lüge und teilst deinem inneren Teenager mit, dass dieses Denken falsch ist.

Neue Programmierung: Wenn dieser Prozess beendet ist, erkläre diesem Teil von dir, dass es ein liebenswerter und fähiger junger Mensch ist.

∞

Hast du noch immer das starke Gefühl, in komplizierten Situationen Verantwortung auch für andere übernehmen zu müssen, wobei auch Versagensängste eine Rolle spielen? Hier könntest du dich als Kind wiederfinden, das **sich für das Fehlverhalten seiner Eltern verantwortlich fühlte**.

Beobachten: Du nimmst zunächst die Situation, in die du gelangst, mit allen vorhandenen Emotionen (auch gerne durch die Gestik und Mimik der Beteiligten) wahr.

Eingreifen: In diesem Fall, kannst du dich gedanklich den Eltern zuwenden und ihnen erst einmal mitteilen, dass sie die Verantwortung für ihre Probleme nicht dem Kind überlassen sollen.

Trost und Klarstellung: Dann begegnest du liebevoll deinem Inneren Kind, um ihm mitzuteilen, dass es in keiner Weise für das Fehlverhalten zum Beispiel eines Elternteils verantwortlich ist und es auch nicht seine Aufgabe ist, die Dinge wieder in Ordnung zu bringen.

Gefühle loslassen: Dein Inneres Kind darf nun das Gefühl loslassen, schon bereits vor der Zeit erwachsen sein und die Kontrolle eines Erwachsenen übernehmen zu müssen.

Denkmuster enttarnen: Hier kann das hartnäckige Denkmuster entstanden sein, dass du immer eine Kontrolle über alles haben musst, damit die Dinge nicht entgleisen.

Neue Programmierung: Erkläre nun dem Inneren Kind, dass es einfach Kind sein darf.

Im **Praxisteil** findest du eine detaillierte Anleitung, um mit dem traumatisierten Teil Kontakt aufzunehmen und eine Vorgehensweise, wie du dein traumatisiertes Ich in Sicherheit bringst.

Fokussiere dich ausschließlich auf dich

Denke daran, dass du immer nur dich selbst ändern und heilen kannst. Natürlich ist es naheliegend, andere für deine Probleme verantwortlich zu machen.

Zugegebener Weise gibt es etliche Verhaltensweisen von Menschen, die wie Elefanten im Porzellanladen in der Lage sind, eine Schneise der Verwüstung zu hinterlassen. Und es ist dein gutes Recht, Menschen mit diesen Verhaltensweisen deine Meinung zu sagen, Grenzen zu ziehen oder dich von ihnen zu trennen. Schlussendlich bist du es jedoch, der den Schmerzkörper in sich trägt, der geheilt werden darf. Durch die unangenehmen Gefühle, die solche Verhaltensweisen von Menschen in dir hervorholen, helfen sie dir tatsächlich auf eine gewisse Art und Weise, einem alten Trauma auf die Schliche zu kommen. Bleib also nicht länger als nötig in dem Zustand, jemand anderen für deine Situation verantwortlich zu machen. Gehe aus der Opferrolle raus und übernehme schnell wieder selbst das Ruder in deinem Leben; vergeude nicht deine kostbare Zeit auf dieser Erde, dich über Verhalten anderer zu ärgern, das nicht wertschätzt oder sogar demütigend ist, und wende dich vielmehr deinem Schmerz zu, den du selbst heilen kannst.

Die Heilung eines Traumas braucht ihre Zeit. Bei sehr schweren Traumata ist der Heilungsprozess langwieriger. Stell es dir wie einen riesigen Müllberg in deinem Inneren vor, den du langsam aber sicher abträgst. Entsprechend verliert der Magnet in deinem Inneren die Kraft, Negatives anzuziehen, dein Wohlgefühl wird immer besser und deine Lebenssituation verbessert sich.

Spirituell gesehen kehrt ein verlorengegangener Seelenanteil in deine Seele zurück, der sich noch in dieser traumatischen Situation befand.

Verzeihen

Damit alte, belastende Situationen die Macht über dich verlieren, ist die abschließende Maßnahme für dich, der Person oder den Personen zu verzeihen, was sie dir angetan haben. Rachegedanken und Wut schaden dir, denn du trägst sie als Belastung weiterhin mit dir herum und so lässt du zu, dass die Person, die dir geschadet hat, Macht über dich hat und dir auch weiterhin schaden kann. Das Verzeihen dient ausschließlich dir selbst, und dies bedeutet auch nicht, dass die Tat des anderen Menschen dadurch bedeutungslos wird. Es bedeutet, dass du dieses Trauma nun endgültig hinter dir lassen: loslassen kannst. Derjenige, der falsch gehandelt hat, muss die Verantwortung für die Konsequenz seiner Tat selbst tragen. Die Übung zum Verzeihen findest du im **Praxisteil**.

Halten wir am Ende des theoretischen Teils dieses Kapitels fest, dass du immer auch eine Instanz in dir hast (stabiles Ich), die deinem traumatisierten Ich zur Hilfe eilen kann. Aus der ruhigen und besonnenen Perspektive deines stabilen Ichs heraus kannst du auch ein weit zurückliegendes Trauma heilen. Traumatisierte Anteile können sich bereits beim Säugling und in allen anderen Lebensaltern finden. Der traumatisierte Teil in dir weicht bezüglich seiner Selbstwahrnehmung stark von deiner ursprünglichen, gesunden Selbstwahrnehmung ab.

Du gehst gedanklich zurück in die Situation, die dein Selbstbild negativ verändert hat, und greifst gedanklich mittels deines stabilen Ichs ein, indem du die dich angreifende Person abwehrst. Zunächst beobachtest du die Situation, dann stellst gegenüber dem traumatisierten Ich klar, dass der Angreifende nicht im Recht ist, und tröstest es. Sehr wichtig ist nun, dass das traumatisierte Ich die Gelegenheit erhält, die angestauten Emotionen loszulassen, dass toxische Denkmuster enttarnt werden und eine gesunde Denkweise über sich selbst wieder etabliert wird. Je mehr du dich bei deiner Heilung ausschließlich auf dich fokussierst, desto besser. In dem Moment, in dem alle negativen Emotionen deinen Körper verlassen konnten, bist du in der Lage zu verzeihen. Nochmals: Das Verzeihen ist in deinem eigenen Interesse und bedeutet keine Aufwertung eines Schädigers; der Akt des Verzeihens ist eine endgültige Loslösung und damit für dich der Ausstieg aus einer traumatisierenden Situation.

PRAXIS 3.3.

Praxis: Traumatisierende Situationen besuchen

- Werde ganz ruhig und gelassen. Lege deine rechte Hand auf dein Herz und versuche es zu fühlen.

- Spirituelle Unterstützung: Ein schönes Hilfsmittel ist es sich zu visualisieren, dass aus deiner rechten Hand ein Lichtstrahl fließt. Auf diesem Lichtstrahl wanderst du gedanklich als Miniatur zu deinem Herzen. Dort öffnest du eine Tür und schlüpfst in dein spirituelles Herz hinein. Nun suchst du dort nach einer Person oder auch Situation, die zu dem negativen Gefühl passt, das dich zu deinem Herzen gerufen hat. Lass alle Bilder zu, die dich jetzt aus deiner Seele erreichen wollen. Lasse dich darauf ein, dein Inneres Kind, den jugendlichen oder jungen erwachsenen Menschen oder dich in deiner Rolle als Mutter oder Vater wieder zu finden.

- Falls du gerne schreibst, schreibe ungefiltert auf, was da aus deiner Tiefe in dein Bewusstsein kommt.

- **Beobachte** dieses alte Ich und nehme wahr, wie es ihm geht.

- **Eingreifen**: Greife ggf. gedanklich in die Situation ein und teile der angreifenden Person detailliert und in aller Deutlichkeit deinen Unmut mit.

- **Trost und Klarstellung**: Du kannst dich deinem alten Ich langsam nähern und es gedanklich in den Arm nehmen. Frage dein altes Ich, wie es ihm geht. Bitte erkläre diesem alten Ich, dass die Situation und das Fehlverhalten des anderen nicht seine Schuld sind.

- **Gefühle loslassen**: Das Wichtigste ist, dass du die bislang unterdrückten Gefühle jetzt ganz ungehindert fließen lässt. Bedenke, dass es möglicherweise unterschiedliche Gefühle gibt, die jetzt aus deiner Seele herausfließen. Diese Gefühle könnten Schock – Entsetzen – Panik – Gefühl des Ausgeliefertseins – Verzweiflung – Scham – Hilflosigkeit – Trauer – Wut sein.

- Spirituelle Unterstützung: Bitte nun deinen Schutzengel oder selbstgewählten Engel, dich von dem Gefühl, das jetzt sehr präsent ist, zu erlösen. Beispiel: Liebe Engel, bitte erlöst mich jetzt sofort bis in alle Ewigkeit von diesem Gefühl der Angst, Verzweiflung und der Ohnmacht, die ich verspürt habe.

- Falls das Gefühl sehr intensiv ist, wende außerdem eine zweite Übung („Ein Behälter voll Gefühl" auf Seite 39) an.

- Spüre, wie dieses Gefühl langsam dein traumatisiertes Ich verlassen kann.

- Beobachte, dass sich dein traumatisiertes Ich zunehmend besser fühlt und sich die traumatische Situation emotional neutralisiert.

- Nun finde die **toxischen Denkmuster**, die in dieser Situation in dir entstanden sind. Welche Lüge glaubst du seitdem über dich?

- Denkmuster enttarnen und **neue Programmierung**: Tausche den alten Glaubenssatz, der in der Situation entstanden ist, gegen einen neuen und positiven Glaubenssatz aus.

Praxis: Bringe dein traumatisiertes Ich in Sicherheit

- Dein stabiles Ich tritt jetzt vollends in Erscheinung, indem es den traumatisierten Teil in Sicherheit bringt.

- Dies ist ganz wörtlich zu nehmen: Hole dein verletztes Ich gedanklich aus der Umgebung heraus, in der das traumatisierende Ereignis stattgefunden hat, und bringe es an einen besonders schönen Ort (Wald, Fluss, Meer, geborgenes Zuhause).

- Dort kann es sich weiter erholen bis du beobachtest, dass es ggf. ganz verschwindet oder mit dem stabilen Ich wieder eine Einheit bildet.

- Dieses Verschwinden des traumatisierten Ichs kannst du dir so vorstellen, dass es tatsächlich in sich zusammenfällt oder so gründlich geheilt ist, dass es wieder eine Einheit mit deinem stabilen Ich bilden kann.

Praxis: Verzeihe

- Für den letzten und sehr wichtigen Schritt des Verzeihens richte deine ganze Aufmerksamkeit erneut auf die traumatisierende Situation.

- Stelle dir die dich so belastende Person noch einmal vor deinem geistigen Auge vor und verzeihe ihr entschieden und bewusst. Denke immer daran, dass du dies für dich tust, um die energetische Verbindung zwischen dir und dieser Person zu trennen.

- Beobachte dieses alte Ich und nimm wahr, wie es ihm oder ihr in dieser von dir neu geschaffenen Situation geht.

- Falls noch Wut oder andere negative Emotionen auf den Verursacher vorhanden sind, führe gedanklich ein Gespräch mit dieser Person, in der du allen Unmut loswirst.

- Verzeihe auch dir selbst, dich in diese Situation gebracht zu haben.

6. Die Vollständige Heilung Eines Traumas

Durch innere Lernprozesse reift deine Persönlichkeit. Außerdem verändert sich dein Bewusstsein so stark, dass du in Zukunft derartige Traumata bzw. Wiederholung der Traumata nicht mehr erleben musst. **Das Erkennen toxischen (d.h. schädlichen) Denkens leitet die Befreiung von diesem Denken und Handeln ein.** So kann dir während der Traumatherapie zum Beispiel bewusst werden, dass du genauso liebenswert bist wie alle anderen Menschen oder es keinen Grund gibt, sich auf eigene Kosten für andere aufzuopfern. Das verankerst du denn nicht nur in deinem Denken, sondern kannst es dann auch in deinem tiefen Inneren fühlen. So lernst du fortan auf dich aufzupassen, liebevoll mit dir selbst umzugehen und Grenzen zu setzen, wenn diese von anderen überschritten werden oder Situationen dich überfordern.

Du wirst durch die Heilung eines Traumas nicht zu einem anderen Menschen. Es ist eine der großen Illusionen der heutigen Zeit, dass wir uns als Menschen beliebig verändern können, wenn wir nur hart genug daran arbeiten. Meines Erachtens treibt dieses Denken viele Menschen in einen ausweglosen Zustand: Wenn ihnen bewusst wird, dass gewisse Merkmale – sei es körperlich, geistig oder seelisch – nur mit äußerster Kraftanstrengung zu verändern sind und sie sich dadurch immer mehr fordern, während sie sich gleichzeitig von sich selbst entfernen, sind sie in die Falle getappt, die Schöpfung verändern zu wollen. Dies ist meines Erachtens die Erhöhung des eigenen Egos über die göttliche Weite; das Göttliche, das uns in unserer ganzen unglaublich schönen Komplexität erschaffen hat. Wir als Menschheit sind nicht in der Lage, so etwas wie einen Menschen zu konstruieren, maßen uns aber an, in diese Komplexität eingreifen und alles besser machen zu wollen.

Tatsächlich ist das Resultat nach der Auflösung des Traumas ein viel Schöneres: Du hast dich nicht zu einem anderen Menschen verändert, sondern wirst wieder zu dem Menschen, als der du ursprünglich gedacht warst. Das unglaublich schöne Original kommt zum Vorschein, der unverfälschte und von Gott erschaffene Urzustand. Da dieser Urzustand göttlicher Natur ist, bist du natürlich auch in diesem Zustand innerlich voller Kraft und Stärke. Die Verbindung zum Göttlichen wird für dich wieder spürbar. Natürlich sind wir alle mit dem Göttlichen verbunden und in unserem heilen Zustand in der Lage, Göttliches in uns zu spüren und entsprechend über unsere Intuition im Einklang mit unserer Seele, dem von Gott geschaffenen Ganzen zu handeln. Knapp gesagt und etwas weniger pathetisch, verwandelst du dich zu einer authentischen Persönlichkeit, die aus sich heraus fühlt, denkt und handelt.

Eine sehr wichtige Tatsache über Heilung ist, dass sie in Phasen verläuft. Du wirst also immer wieder nach der Arbeit an dir selbst ein sehr erlösendes und befreites Gefühl in dir spüren und auch erst einmal wieder zur Ruhe kommen können. Du verspürst das tiefe Gefühl von Seelenfrieden in dir und kommst mit dir und der Welt wieder in Einklang. Meines Erachtens kannst du durch diese tiefgründige, in Teilen auch kräftezehrende Arbeit an dir selbst im Anschluss eine geradezu euphorisierende Wirkung spüren, die dir frische Kraft und neues Selbstvertrauen spendet: Du hast etwas Großartiges für dich geleistet. Du wirst für dich erkennen, wie sehr du die regelmäßige Reinigung deiner Seele lieben lernst, um dich in dem Haus, das du dir selbst bist, wohl zu fühlen.

Einige Traumata halten sich hartnäckig in unserer Seele und befördern uns immer wieder in einen Gefühlszustand, der uns daran zweifeln lässt, dass Heilung bereits begonnen hat. In dem Moment, wenn du die Tür zur Heilung eines Traumas öffnest, wirst du die erste Schicht heilen können, und tatsächlich ist es so, dass die vollständige Heilung eines Traumas eine Weile dauern kann. Es ist also Geduld gefordert. Bedenke: Es lohnt sich!

Faszinierend ist, dass du mit jedem Heilungsschritt dir selbst wieder näherkommst. Am Anfang des Heilungsweges denkst du vielleicht, dass mit Ausnahme einiger vergangener Erlebnisse nicht viel bei dir zu heilen ist. Wenn du aber mit dem Aufräumen des ersten Raumes erfolgreich bist, in welchem du so Einiges an altem Gerümpel sortiert und beiseitegeschafft hast, wirst du feststellen, dass sich weitere Räume öffnen. Du erkennst die Bedeutung deines inneren Wohlbefindens und möchtest diesen erlangten inneren Frieden nicht mehr missen.

Dementsprechend öffnen sich bei fortschreitender Heilung auch Türen zu Räumen deines Herzens, die du vielleicht zunächst gar nicht als problematisch wahrgenommen hast, die aber dennoch deine Lebensqualität lange Zeit eingeschränkt hatten.

Als Metapher kann uns hier das Stimmen eines Musikinstrumentes dienen: Wenn du nicht weißt, wie harmonisch sich ein gestimmtes Instrument anhört, wirst du dich auch mit recht schiefen Tönen zufriedengeben: Dir fällt dann gar nicht auf, dass da etwas nicht stimmt. Je mehr du dich allerdings mit dem Instrument auseinandersetzt, desto mehr Interesse hast du an dem guten Klang und justierst die einzelnen Seiten des Instruments immer besser nach.

Auf deine Lebensrealität übertragen beginnst du, emotionale Misstöne in dir nicht weiter zu unterdrücken und in irgendwelche sowieso schon überquellenden Schubladen abzulegen, sondern dich diesen umgehend zu widmen, indem du in deine Seele wanderst und die Ursachen für das intensive und unangenehme Gefühl klärst. So kann diese Missstimmung dein System direkt verlassen, bevor sie es sich häuslich einrichtet.

Sowohl in meiner Praxisarbeit als auch im privaten Umfeld erlebe ich immer wieder, dass einige Menschen direkt die intensivsten Emotionen, die dieses Trauma ausgelöst hat, an die Oberfläche bringen. Seelen anderer Zeitgenossen wiederum tasten sich langsam an das Thema heran und befördern zunächst die weniger intensiven Emotionen ihres Traumas zutage. So individuell wie wir Menschen sind, verläuft auch die Heilung der Seele.

Stichwortverzeichnis

Stichwort	Seitenzahl
Ängste	14ff., 34ff., 66ff.
Blockaden	44
Denkmuster	71f.
Eltern	14,17,18,44,47f.,62,64,66,68f.,71f.
Emanzipation	48
Engel	8ff.,22,26,37ff.,52,58,77
Gefühlsrad	34, 37
Glaubenssätze	6,43ff.,55,59
Gott	10,14,21,53,57,81f.
Helfersyndrom	37
Inneres Kind	14,32,64,72,76
Kindheit	14f.,47,62,66f.,69
Konditionierung	14f.
Krisen	28,36,45,62
Loyalität	47,64
Manipulation	14f.
Meditatives Schreiben	33,37,40
Minderwertigkeitsgefühle	44,68

Parentifizierung	66
Positive Gedanken	18f.
Positive Gefühle	18
Programmierung	71f.,78
Schmerzkörper	5f.,8f.,13,15,28,36,73
Schutzkuppel	38f.
Seele	6ff.,10f.,13,27f.,30,36f.,39f.,42f.,46, 54ff.,61f.,64f.,69,74,76,82,84
Selbstheilungskräfte	56
Selbstsabotage	14,20
Spirituelle Unterstützung	8,21f.,26,38f.,52,58,76f.,
Trauma	13f.,16,27f.,39,48,57,61ff.,73ff.
Trost	70,72,77
Universum	6,8,10
Verzeihen	48,74f.,79
Zeitlosigkeit	57
Zum höchsten Wohle aller	16,39